Revue de l'urbanisation en République
démocratique du Congo

DIRECTIONS DU DÉVELOPPEMENT
Environnement et Développement Durable

Revue de l'urbanisation en République démocratique du Congo

Des villes productives et inclusives pour l'émergence de la République démocratique du Congo

GROUPE DE LA BANQUE MONDIALE

Table des Matières

Cartes

Photos

Tableaux

Préface

La *Revue de l'urbanisation en République démocratique du Congo* fait partie d'une série d'études analytiques présentées sous la forme d'un produit global qui porte le nom de Revue de l'urbanisation et qui a été mis au point par le Pôle d'expertise de développement urbain, rural et social et résilience à la Banque mondiale.

Ce programme d'études analytiques a pour objectif de fournir des instruments de diagnostic destinés à éclairer le dialogue sur les politiques et la définition des priorités d'investissement dans le domaine de l'urbanisation. Il se fonde sur le cadre de formulation des politiques urbaines élaboré dans le *Rapport sur le développement dans le monde 2009 : Repenser la géographie économique* et la nouvelle stratégie de la Banque mondiale pour le développement urbain et les collectivités territoriales intitulée *Systèmes de villes : renforcer l'urbanisation pour stimuler la croissance et réduire la pauvreté.* Des revues de l'urbanisation ont été réalisées dans plusieurs pays, dont la Chine, la Colombie, la Côte d'Ivoire, l'Éthiopie, le Ghana, l'Inde, l'Indonésie, le Malawi, la Malaisie, le Nigéria, le Sénégal, la Tunisie, la Turquie et le Vietnam. Elles poursuivent toutes des objectifs similaires, adaptés aux défis spécifiques de chaque pays.

Ce rapport quant à lui a pour objectif principal d'établir un diagnostic de l'état actuel de l'urbanisation et de recenser les principaux goulots d'étranglement qui empêchent les villes congolaises de tirer pleinement profit des bienfaits de l'urbanisation. Il présente une série d'enjeux dans le secteur urbain et analyse les principales tendances de leur évolution, notamment le rythme de l'urbanisation et la forme qu'elle revêt, la situation géographique des activités économiques, et les principaux obstacles à la création d'espaces urbains plus productifs et plus vivables, ainsi que diverses mesures prioritaires que les pouvoirs publics peuvent envisager de prendre. Ce rapport n'est pas à considérer comme étant un plan stratégique, un plan de mise en œuvre ou une étude de faisabilité, mais il pourrait servir de base à une concertation sur les possibilités d'échanges et de collaboration entre le gouvernement et la Banque mondiale sur la question de l'urbanisation, sous réserve de la disponibilité de ressources et de l'approbation de la direction de l'institution.

Cette *Revue de l'urbanisation* est le fruit d'une collaboration étroite entre la Banque mondiale et le gouvernement de la République démocratique du Congo. Un atelier de consultation technique sur les conclusions préliminaires de la revue a été organisé à Kinshasa le 25 février 2016. Il a été suivi par des réunions tenues dans la même ville entre le comité de validation technique de la revue et l'équipe de projet de la Banque mondiale. Les principales recommandations du présent document ont été présentées lors d'un atelier de dissémination à Kinshasa le 10 juillet 2017.

Ce rapport est présenté à un moment opportun pour la République démocratique du Congo. Le pays a en effet entamé récemment des réformes dans les domaines de la décentralisation, de la gestion urbaine et de l'aménagement du territoire, et prépare son Plan national de développement 2017-2021. Nous espérons que la *Revue de l'urbanisation* pourra servir de plaidoyer en faveur d'une inscription plus franche de l'effort de développement urbain dans le programme politique du pays. Le processus de réforme en cours impulse une certaine dynamique et offre une occasion d'approfondir la réflexion sur les défis d'urbanisation auxquels se heurtent les villes congolaises et sur les mesures que les pouvoirs publics peuvent prendre dans la foulée pour tirer parti de l'urbanisation – en termes de croissance économique, de création d'emplois et de réduction de la pauvreté.

Remerciements

La *Revue de l'urbanisation en République démocratique du Congo* a été préparée par une équipe dirigée par Dina Ranarifidy (Spécialiste en développement urbain, chef d'équipe du projet) et comprenant Mahine Diop (Ingénieur municipal principal), Juliana Aguilar Restrepo (Economiste urbain), Olivia D'Aoust (Economiste urbain), Tito Yepes Delgado (Economiste urbain principal,), et Christian Vang Eghoff (Spécialiste en développement urbain). Cette équipe a travaillé sous la supervision générale de Somik V. Lall (Economiste global en chef pour le Développement Spatial et Territorial).

L'équipe tient à exprimer ses remerciements à Moustapha Ahmadou Ndiaye (Directeur des opérations), Ede Jorge Ijjasz-Vasquez (Directeur principal du Pôle d'expertise de développement Urbain, Social, Rural et Résilience), Sameh Naguib Wahba (Directeur du Pôle d'expertise de développement Urbain, Développement Territorial, Gestion des Risques et des Catastrophes et Résilience), Meskerem Brhane (Responsable des secteurs Urbain et Gestion des Risques et des Catastrophes pour l'Afrique centrale et occidentale), Laurent Debroux (Coordonnateur de programmes Infrastructures et Ressources Naturelles), Emmanuel Pinto Moreira (Coordonnateur des programmes Croissance Equitable, Finances et Institutions) et Luc Laviolette (Coordonnateur des programmes Développement Humain).

Cette étude a bénéficié des contributions techniques de Richard Damania (Economiste en chef pour les secteurs Eau, Pauvreté et Economie), Souleymane Coulibaly (Economiste en chef), Kai Kaiser (Economiste principal), Augustin Maria (Spécialiste principal en développement urbain), Taye Mengistae (Economiste principal), Anton Baare (Spécialiste principal en développement social), Alexandre K. Dossou (Spécialiste principal des transports), Jean Mabi Mulumba (Spécialiste principal en secteur public), Chyi-Yun Huang (Spécialiste principale en développement urbain) et Alvaro Federico Barra (spécialiste de l'administration foncière).

Cette étude a été élaborée en étroite collaboration avec le Gouvernement de la République démocratique du Congo, et l'équipe tient particulièrement à exprimer sa gratitude aux membres du gouvernement, S.E.M. Henri Yav Mulang, Ministre des Finances ; S.E.M. Azarias Ruberwa Maniwa, Ministre d'Etat en charge de la décentralisation et des réformes institutionnelles ; S.E.M. Joseph Koko Nyangi, Ministre de l'urbanisme et de l'habitat ; S.E.M. Lumeya, Ministre des Affaires foncières ; et S.E.M. Robert Luzolano, Ministre provincial du Plan, des Travaux Publics et des Infrastructures, ainsi que leurs équipes techniques respectives. L'équipe remercie également Roger Shulungu, Directeur de l'Institut National de la Statistique ; Pr. Mpuru Mazembe, Directeur de l'Institut d'Architecture et d'Urbanisme (ISAU) ; Pr. Corneille Kanene (ISAU) ; Pr. Kabata Kambaba (ISAU) ; Pr. Hugo Mwanza (ISAU) ; Gabriel Kankonde, Directeur du Bureau d'Études d'Aménagement et d'Urbanisme ; Damas Mputu Ikali et Lucie Bakajika de l'Unité de mise en œuvre du Projet de Développement Urbain; et Pr. Léon De Saint Moulin du Centre d'Études pour l'Action Sociale.

Cette *Revue de l'urbanisation en République démocratique du Congo* a été préparée avec le concours financier du Fonds fiduciaire Multi Bailleurs pour le Développement Urbain Durable.

Sigles et abréviations

BEAU	Bureau d'études d'aménagement et d'urbanisme
EDS	Enquête démographique et de santé
INS	Institut National pour la Statistique
PDU	Projet de développement urbain
SIG	Système d'information géographique
SOSAK	Schéma d'orientation stratégique de l'agglomération kinoise
WUP	Perspectives d'urbanisation dans le monde

Toutes les mentions du dollar font référence au dollar américain, sauf indication contraire.

Résumé Analytique

La croissance des villes de la République démocratique du Congo occupera une place centrale dans le développement du pays. Mais pour que l'urbanisation porte ses fruits, ces villes devront renforcer les incitations à l'investissement en favorisant des niveaux plus élevés de densité économique et de proximité afin de promouvoir les effets d'agglomérations économiques et rapprocher plus efficacement les travailleurs des entreprises. Aujourd'hui, elles se doivent également de devenir plus vivables pour leurs résidents en offrant des services et des équipements, ainsi que des logements pour les résidents pauvres et ceux de la classe moyenne.

Au cours des 15 prochaines années, la croissance de la population urbaine en République démocratique du Congo devrait passer de 30 millions de citadins en 2016 à 44 millions. Cela va créer une forte demande d'infrastructures, de logements et autres structures physiques, et de services d'utilité publique. Compte tenu des distorsions importantes qui caractérisent les marchés fonciers aujourd'hui, les plans et réglementations devraient favoriser de meilleures affectations des terres, mais ils devraient aussi permettre un changement des affectations et des usagers à mesure que la demande évolue. Trois éléments seront à prendre en considération : la gestion des droits fonciers et immobiliers, la valorisation et la gestion des terres, ainsi que la coordination de l'aménagement du territoire et la planification urbaine.

La République démocratique du Congo est à la croisée des chemins. Ce pays, qui abrite l'une des plus importantes populations de l'Afrique, est en passe d'engranger les dividendes d'une explosion démographique des jeunes et affiche de faibles ratios de dépendance. Il dispose également d'un portefeuille dynamique de villes, avec en tête Kinshasa, l'une des plus grandes mégapoles du continent, et d'un réseau impressionnant de villes secondaires. La récente baisse des prix des matières premières pourrait être l'occasion pour le pays de diversifier son économie et d'investir dans le secteur manufacturier. Le moment est indiqué pour que les décideurs congolais investissent dans des villes capables d'être le moteur de la transformation structurelle du pays et d'une plus grande intégration avec les marchés africains et mondiaux.

Cinq régions, cinq profils urbains

La population urbaine de la République démocratique du Congo augmente rapidement. Estimée à 42% en 2015, la proportion de la population urbaine de la République démocratique du Congo est la troisième plus importante en Afrique subsaharienne, après celle de l'Afrique du Sud et du Nigéria. Le taux moyen de croissance urbaine du pays durant la dernière décennie a été de 4,1%, soit 1 million de citadins de plus dans les villes congolaises chaque année. Si cette tendance se poursuit, la population urbaine va doubler en l'espace de 15 ans seulement.

Kinshasa, la capitale, deviendra la plus grande mégapole d'Afrique d'ici 2030. Entre 1984 et 2010, le taux de croissance annuel de la population de cette ville a été de 5,1% en moyenne, contre 4,1% au niveau national. Une grande partie de cette croissance démographique est imputable aux facteurs agissant dans les localités pourvoyeuses de populations (à savoir les conflits et l'insuffisance des services ruraux) plutôt qu'à des facteurs incitatifs dans les villes (notamment de meilleures possibilités de travail et de vie). Avec une population estimée à 12 millions en 2016, Kinshasa représente le système urbain le plus dense et affiche la croissance la plus rapide en Afrique centrale. À son rythme de croissance actuel, cette ville abritera plus de 24 millions d'habitants d'ici dix ans et sera la ville plus peuplée d'Afrique, devant le Caire et Lagos. Cette perspective constitue une opportunité, mais aussi un risque que les conditions de vie des populations à Kinshasa se précarisent davantage et que la ville devienne le plus grand bidonville d'Afrique si l'urbanisation n'est pas gérée correctement et la tendance de l'urbanisation exclusive ainsi que la marginalisation n'est pas inversée.

La croissance démographique rapide s'accompagne de nombreux défis. Elle a pour effet d'augmenter la demande de services sociaux et d'infrastructures – d'éducation, de santé et de services de base – pour rendre les villes habitables. En même temps, des investissements importants sont nécessaires pour faire en sorte que le capital, les infrastructures et les entreprises soient productifs. Les longues distances entre les villes reliées par des liaisons qui traversent d'épaisses forêts dans le bassin du fleuve Congo font qu'il est très difficile et coûteux de mettre en place un réseau intégré et unifié. La République démocratique du Congo fonctionne plutôt avec des régions qui ont des dynamiques différentes qui leur sont propres. Celles-ci sont plus intégrées grâce aux routes commerciales des pays voisins plutôt qu'avec les régions à l'intérieur du pays.

L'urbanisation en République démocratique du Congo suit une trajectoire qui lui est propre. Elle est en effet unique à au moins trois égards. Premièrement, contrairement à ce que l'on observe dans d'autres économies, la migration vers les villes se caractérise par des facteurs répulsifs, c'est-à-dire induite par des facteurs qui agissent dans les localités de départ – la fuite des conflits et les risques de dégradation de la situation – plutôt que par des facteurs attractifs – l'attrait d'un meilleur emploi et des opportunités qu'offriraient les villes. Il est donc peu surprenant que la pauvreté soit élevée et les niveaux de service faibles dans les villes. Deuxièmement, la croissance des villes et d'une manière plus générale la croissance économique, sont considérablement minées, dénaturées et freinées par les lourdeurs du système de gestion des terres qui entravent les transactions foncières. Et troisièmement, la "malédiction des ressources" (la dépendance excessive à l'égard des minéraux) complique la diversification de l'économie, à travers les effets des taux de change, les loyers, les conflits et d'autres canaux bien établis. Par conséquent, l'urbanisation n'est pas accompagnée par une croissance économique.

Le pays compte cinq régions économiques, qui s'urbanisent chacun à son rythme[1]. De la partie fortement rurale du Bassin du Congo à celle très urbanisée du Bas-Congo centrée sur Kinshasa, et de la région de l'est touchée par un conflit à celle du sud dominée par l'exploitation minière, chaque espace présente des schémas d'urbanisation différents (carte RA.1 et figure RA.1).

• La région de l'Ouest regroupant les provinces de Kinshasa et du Bas-Congo comptaient 14 millions de personnes en 2010. Il s'agit d'une zone fortement urbanisée qui abrite près de 80% de citadins et affiche une croissance de la population urbaine de 4,8% en moyenne par an depuis le dernier recensement en 1984. La majorité de la population urbaine vit à Kinshasa et la population restante vit dans de petites villes de moins de 500 000 habitants.

Carte RA.1 Les cinq régions en République démocratique du Congo

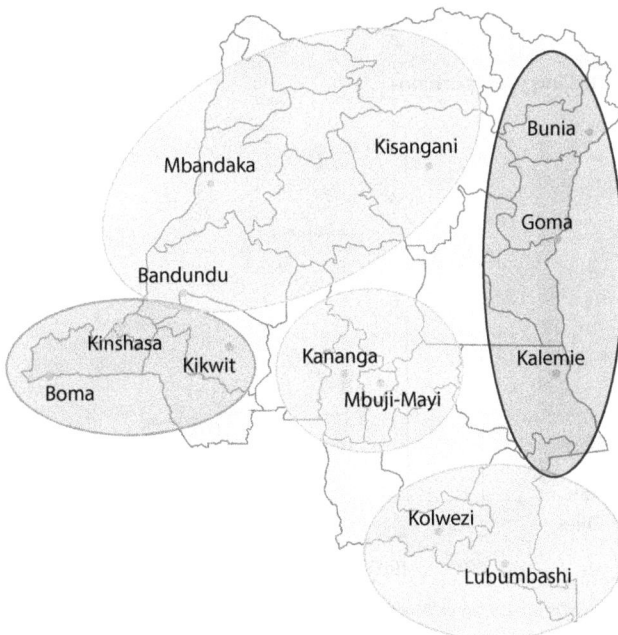

- La région du Sud, qui comprend la province du Katanga, comptait 9 millions d'habitants et sa population urbaine – la deuxième plus importante du pays – affiche une croissance annuelle de 3,4% par an. La proportion de la population urbaine est de 42%, tirée par Lubumbashi, la deuxième ville du pays par sa taille. Le Sud comporte un portefeuille équilibré de villes, avec près de 40% de la population urbaine vivant à Lubumbashi et 20% dans des villes de 500 000 à 1 million d'habitants.
- La région du Centre, qui regroupe les provinces du Kasaï, comptait 11 millions d'habitants en 2010, dont 35% de citadins. Dans cette région aussi, le portefeuille urbain est équilibré : 37% de la population urbaine vit à Mbuji-Mayi, 30% dans des villes de 500 000 à 1 million d'habitants, et les 33% restants dans de petites villes de moins de 500 000 habitants.
- La région du Bassin du Congo, qui regroupe les provinces de l'Équateur, Bandundu et des provinces Orientales affiche le taux d'urbanisation le plus faible, couvre le territoire le plus vaste et abrite 22 millions d'habitants. L'urbanisation y a lieu essentiellement dans les petites villes, à l'exception de Kisangani, qui compte 1 million d'habitants.
- La région de l'Est, qui compte les provinces du Nord-Kivu et du Maniema, a subi les effets de la guerre civile et affiche une urbanisation relativement faible (17%). Elle affiche toutefois la croissance urbaine la plus rapide, tirée principalement par Goma, qui enregistre une croissance annuelle moyenne supérieure à 10% depuis 1984.

Les activités économiques sont réparties dans les cinq régions (carte RA.2). De petits pôles d'activité sont visibles à l'Ouest, où Boma et le port de Matadi apparaissent derrière Kinshasa ; dans le Sud, où Lubumbashi (capitale minière de la République démocratique du Congo aux énormes gisements de cuivre

Figure RA.1 Cinq profils urbains

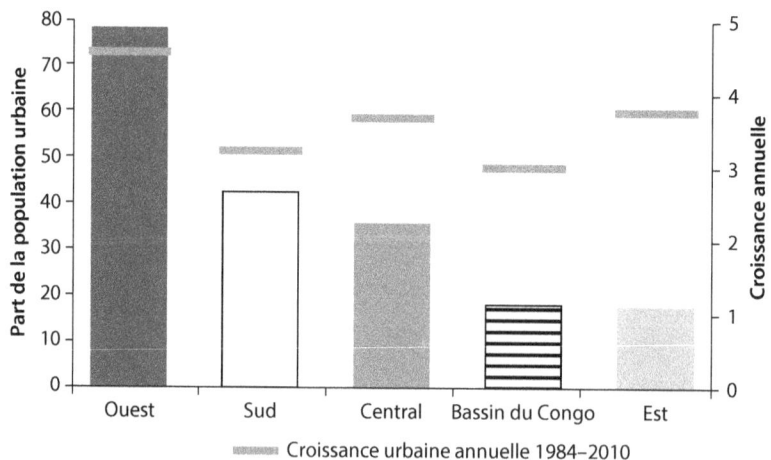

Croissance urbaine annuelle 1984–2010

Source : Services de la Banque mondiale utilisant De Saint Moulin (2010).

Carte RA.2 Distribution de l'activité économique sur le territoire

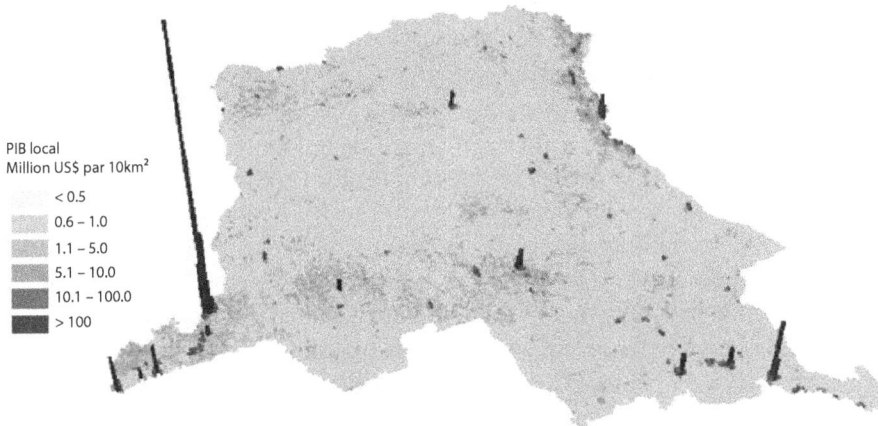

PIB local
Million US$ par 10km²

	< 0.5
	0.6 – 1.0
	1.1 – 5.0
	5.1 – 10.0
	10.1 – 100.0
	> 100

Source : Damania et al. 2016. Les données ont été obtenues par Ali et al. (2015) à partir de l'ensemble des données mondiales de la Distribution Globale de l'Activité Economique qui a été développé par Ghosh et al. (2010).
Note : PIB = Produit Intérieur Brut.

et de cobalt), Likashi et Kolwezi présentent les pôles les plus importants ; à l'Est, où Goma concentre la majeure partie du produit économique ; dans le Centre, où Mbuji-Mayi (une région riche en diamants) domine ; et dans le Bassin du Congo, où Kisangani affiche la densité économique la plus élevée.

Stimuler la concentration économique et atténuer les disparités dans les niveaux de vie et l'accès aux services

La République démocratique du Congo est actuellement confrontée à deux défis majeurs : la productivité et les niveaux de vie sont faibles.

En dépit des signes de spécialisation régionale, l'activité économique n'est pas suffisamment concentrée pour que les entreprises soient productives. La République démocratique du Congo pâtit de la concentration de l'activité dans le secteur primaire et dans celui des biens et services non échangeables. La part des emplois dans l'agriculture représente encore 70% de la population active, une proportion très élevée au regard du niveau d'urbanisation du pays. En général, au fur et à mesure que les villes grandissent, elles emploient leur main-d'œuvre dans des secteurs plus productifs comme le secteur manufacturier et celui des services, qui à leur tour offrent de meilleurs salaires et attirent davantage de migrants des zones rurales. Or, l'industrie en République démocratique du Congo représente moins de 5% des emplois, et les services seulement 9,2%. La moitié de ces emplois relève du secteur informel. De plus, dans les zones urbaines, les deux tiers des travailleurs sont employés dans des activités locales, dont les marges de croissance et les possibilités de création d'emplois sont limitées en raison des freins que représentent leurs structures de production. À Kinshasa, cependant, le secteur des services emploie 83% de la main-d'œuvre.

Le niveau élevé des salaires nominaux et des coûts de transaction dissuadent les investisseurs et les partenaires commerciaux, en particulier dans les secteurs de biens et services échangeables aux niveaux régional et international. Et les coûts élevés de l'alimentation, du logement et des transports pour les travailleurs augmentent les coûts de la main-d'œuvre pour les entreprises et réduisent par conséquent, les retours sur investissement attendus. Les zones urbaines de la République démocratique du Congo comptent parmi les plus chères en Afrique, avec des prix plus élevés d'environ 40% que prévu par rapport au revenu et au taux d'urbanisation du pays. L'alimentation dans les zones urbaines de la République démocratique du Congo est 58% plus coûteuse que dans les autres zones urbaines du monde, et les ménages y consacrent la part la plus élevée de leurs revenus. Cela, par conséquent, réduit la productivité des entreprises, qui doivent payer des salaires plus élevés aux travailleurs afin de compenser le coût élevé de la vie et l'insuffisance d'équipements sociaux.

Fait plus inquiétant, le pays est confronté à de grandes disparités dans l'accès aux services de base. L'accès à des services de meilleure qualité est beaucoup plus élevé dans l'Ouest. Bien que l'accès à l'eau courante soit de 66% à Kinshasa, il n'est que de 39% dans l'Est et de 35% dans le Sud. L'accès dans le Bassin du Congo et dans la région du Centre est inférieur à 15%. En outre, l'accès à l'assainissement est globalement faible dans les zones urbaines et rurales. À Kinshasa, l'accès à des services d'assainissement améliorés a légèrement progressé, après avoir reculé entre 2001 et 2007. En 2014, moins de la moitié des Kinois (résidents de Kinshasa) avait accès à des services d'assainissement améliorés. Dans d'autres zones urbaines et rurales, le taux d'accès a augmenté de 40% et de 31% respectivement.

La pauvreté est en passe de devenir un phénomène urbain. 75% de la population urbaine vit dans des quartiers précaires, soit 15 points de pourcentage de plus que la proportion moyenne en Afrique subsaharienne. Le logement, les infrastructures de base et d'autres investissements en capital font défaut dans ces zones. Comme dans d'autres villes africaines, la densité élevée de la population n'est ni soutenue par les infrastructures ni par l'activité économique. Il en résulte que les villes congolaises sont peu pourvues en infrastructures permettant aux populations de se rendre à leur travail et de mener une vie saine, et aux entreprises d'accéder aux intrants, aux clients et à des sources fiables d'eau et d'électricité. La gestion inefficace des terres a repoussé les populations urbaines pauvres dans des zones inadaptées, aggravant ainsi leur vulnérabilité et leur exposition aux chocs climatiques et économiques.

La faible connectivité entre les régions et à l'intérieur des villes entrave l'accès aux opportunités d'emploi. Les villes manquent de moyens de transport fiables et le défaut de connectivité limite les possibilités d'emploi tout en empêchant les entreprises de tirer parti des économies d'échelle et d'agglomération. Pour que les villes soient des marchés du travail intégrés et rapprochent efficacement les demandeurs et les pourvoyeurs d'emplois, elles doivent offrir l'accès au travail.

Cependant, à Kinshasa, 80% des déplacements se font à pied, ce qui réduit considérablement les distances pouvant être parcourues pour se rendre au travail et, par conséquent, les possibilités d'emploi. La vitesse moyenne des déplacements quotidiens est également faible. Elle est de 14 km/h entre les communes de Kinshasa. Par ailleurs, Kinshasa présente une densité de routes revêtues inférieure à celle d'autres capitales en Afrique. En effet, alors qu'Addis-Abeba et Dar-es-Salaam affichent plus de 120 ml de routes revêtues pour 1 000 habitants, Kinshasa elle ne présente que 54 ml/1 000 habitants.

Adapter les politiques aux localités

Comment la République démocratique du Congo peut-elle bénéficier de la concentration de l'activité économique dans quelques localités tout en répondant aux besoins d'une population importante qui reste éparpillée sur l'ensemble du territoire national? Comme le décrit le *Rapport sur le développement dans le monde 2009 : Repenser la géographie économique* (Banque mondiale, 2009) les décideurs disposent de trois ensembles d'outils pour aider chaque région à répondre à ses besoins spécifiques tout en tirant parti de l'agglomération économique:

- Les **Institutions** sont le reflet de politiques neutres sur le plan spatial en ce qui concerne leur répartition sur le territoire de la République démocratique du Congo, et devraient donc couvrir l'ensemble du territoire national. Certains des principaux exemples sont les réglementations concernant le foncier, le travail, le commerce et les services sociaux.
- Les **Infrastructures** font référence aux politiques et investissements qui accroissent la connectivité spatiale entre les localités. Parmi les exemples, on citera les routes, les chemins de fer, les aéroports, les ports et les systèmes de communication qui facilitent la circulation des marchandises, des personnes et des idées dans différentes villes et régions.
- Les **Interventions** ont trait aux programmes ciblés sur des localités spécifiques, telles que la réduction des bidonvilles ou les incitations fiscales à l'intention des entreprises manufacturières.

La classification présentée dans la figure RA.2 peut guider les décideurs dans le choix des interventions, des institutions et des interventions en fonction du niveau d'urbanisation de chaque région.

Institutions pour les localités à urbanisation naissante

L'accent devrait être mis sur le renforcement des institutions, surtout dans les régions à urbanisation naissante (en bleu, sur la figure RA.3). Il s'agirait de corriger les distorsions des marchés fonciers et de fournir des services essentiels tels que l'éducation de base, les soins de santé, l'eau et l'assainissement. Ces mesures publiques devraient avoir un caractère universel – viser tous les Congolais –, ce qui ramène à la nécessité de réduire les incitations négatives à migrer vers les zones urbaines. Dans les zones peu peuplées, il y a lieu de

Figure RA.2 Les différents stades d'urbanisation dans les régions de la République démocratique du Congo et leur système interne de villes

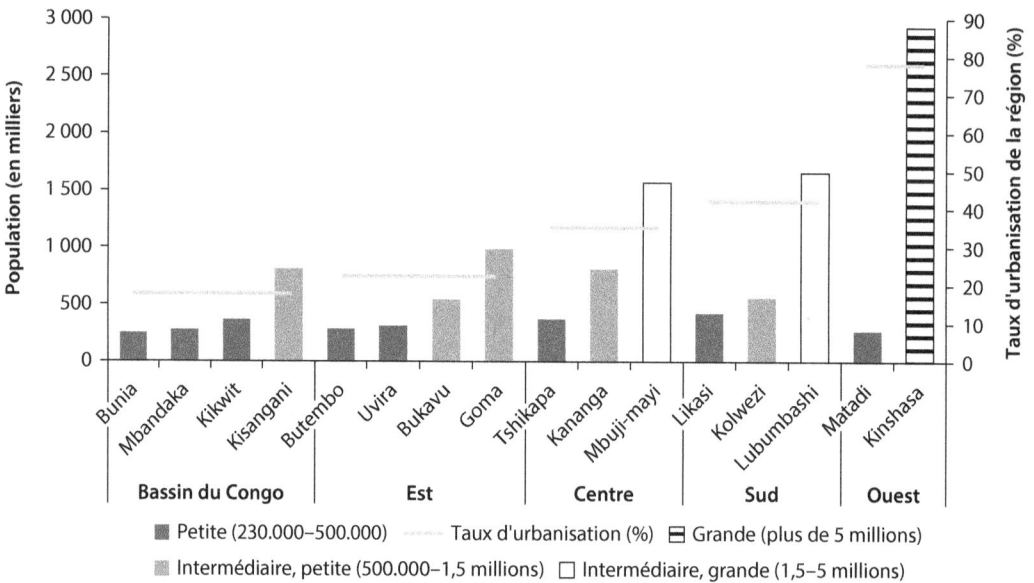

Source : De Saint Moulin (2010).

Note : La barre représentant la population de Kinshasa, 9,5 millions d'habitants, est tronquée. Les couleurs des barres représentent les régions et les motifs des barres représentent la taille de ville. Cette figure présente les villes de plus de 230 000 habitants pour simplifier les choses, mais il n'empêche que les villes plus petites font également partie du système urbain de la République démocratique du Congo.

privilégier les technologies décentralisées plutôt que les solutions ayant recours au réseau, qui sont plus appropriées dans les localités à urbanisation avancée. L'objectif de la couverture universelle devrait être le même, quelle que soit l'option de mise en œuvre retenue. S'agissant de l'eau potable, on peut promouvoir les comprimés de chloration dans les zones à urbanisation naissante tandis que les bornes fontaines publiques sont plus appropriées dans les villes.

La stratégie des pouvoirs publics devrait avoir pour axe principal des politiques neutres sur le plan spatial afin de promouvoir l'intégration entre les zones rurales et urbaines, le but étant d'améliorer les marchés fonciers et les droits de propriété, ainsi que les services de base en zones rurales et urbaines, et d'encourager une gouvernance inclusive dans les villes de petite et très petite taille. La sécurité de l'occupation des terres aurait pour effet de promouvoir l'accroissement des investissements dans le foncier et le logement, d'améliorer la capacité à transférer la propriété foncière, et d'accroître l'accès au crédit. Les politiques visant à formaliser le régime foncier devraient commencer par s'occuper des systèmes coutumiers, et intégrer progressivement des caractéristiques des procédures modernes d'enregistrement foncier. La cession des droits d'occupation des terres devrait être normalisée, et les formalités d'enregistrement des terres devraient être améliorées. L'objectif devrait être de renforcer la sécurité foncière et les marchés fonciers, de formuler des politiques d'administration et de gestion foncières, et de mettre en place des mécanismes de règlement des différends et d'établir un système cadastral national. Le renforcement de la sécurité du régime foncier faciliterait les transactions, accroîtrait la valeur des terres et augmenterait les investissements fonciers.

Institutions et infrastructures de liaison pour les localités à urbanisation intermédiaire

L'amélioration du fonctionnement du réseau de villes grâce à une meilleure connectivité peut être réalisée grâce aux propositions en vert dans la figure RA.3. Dans les régions du Centre et du Sud, les politiques devraient être orientées vers l'amélioration du fonctionnement de villes telles que Mbuji-Mayi et Lubumbashi. Comme ces villes deviennent des « pôles économiques » pour leurs régions, l'afflux de migrants se poursuivra et elles ne seront qu'encombrées davantage. Leurs priorités devraient donc être de fournir des services de base aux résidents, d'assurer la fluidité des marchés fonciers et d'investir dans les infrastructures au sein et autour des centres urbains en plein essor. L'élargissement de l'accès aux marchés, l'amélioration de la gestion des villes et le renforcement du capital humain sont des éléments fondamentaux pour ces villes intermédiaires. Une fois

Figure RA.3 Adapter les politiques aux localités

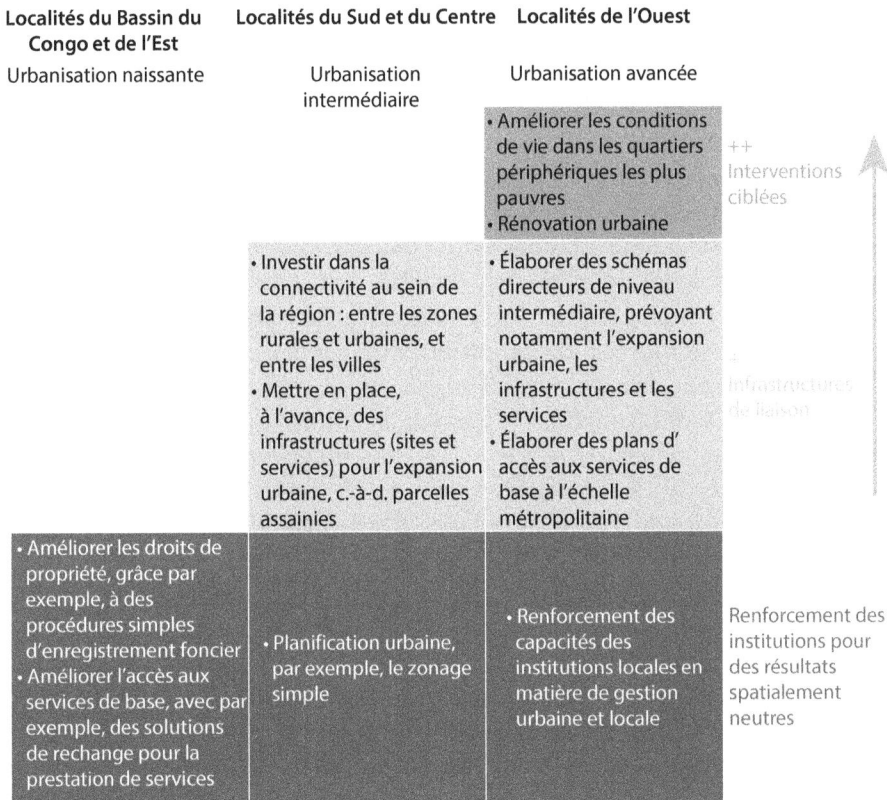

Localités du Bassin du Congo et de l'Est	Localités du Sud et du Centre	Localités de l'Ouest	
Urbanisation naissante	Urbanisation intermédiaire	Urbanisation avancée	
		• Améliorer les conditions de vie dans les quartiers périphériques les plus pauvres • Rénovation urbaine	++ Interventions ciblées
	• Investir dans la connectivité au sein de la région : entre les zones rurales et urbaines, et entre les villes • Mettre en place, à l'avance, des infrastructures (sites et services) pour l'expansion urbaine, c.-à-d. parcelles assainies	• Élaborer des schémas directeurs de niveau intermédiaire, prévoyant notamment l'expansion urbaine, les infrastructures et les services • Élaborer des plans d'accès aux services de base à l'échelle métropolitaine	Infrastructures de liaison
• Améliorer les droits de propriété, grâce par exemple, à des procédures simples d'enregistrement foncier • Améliorer l'accès aux services de base, avec par exemple, des solutions de rechange pour la prestation de services	• Planification urbaine, par exemple, le zonage simple	• Renforcement des capacités des institutions locales en matière de gestion urbaine et locale	Renforcement des institutions pour des résultats spatialement neutres

Source: Basé sur De Saint Moulin 2010.

de plus, dans les zones urbaines en expansion rapide, les régimes des droits de propriété doivent être clairs pour inciter les transactions foncières – et des évaluations exactes des terres.

Les investissements dans les infrastructures de liaison dans les zones urbaines des villes principales et intermédiaires détermineront la forme que revêtiront les centres urbains pour les décennies à venir. La mise en place rapide d'infrastructures est une option viable pour l'expansion des villes dans les années à venir. C'est aussi une option moins onéreuse sur le long terme : il est en effet moins coûteux et moins difficile de mettre en place des infrastructures avant que des squatteurs ne s'installent. En effet, les parcelles assainies peuvent permettre d'économiser l'espace nécessaire pour accroître les investissements à réaliser ultérieurement dans les infrastructures de réseau, tels que l'eau et l'assainissement, et de garantir de l'espace pour les routes accessibles. En revanche, la mise à niveau des quartiers existants perturbe la vie des foyers et se heurte à un processus politique plus difficile.

Institutions, infrastructures de liaison et interventions ciblées pour les localités à urbanisation plus avancée

En plus d'institutions nationales plus solides et des infrastructures visant à améliorer le fonctionnement des villes, l'espace géographique de l'Ouest, dont l'urbanisation est plus avancée, a également besoin d'interventions ciblées, comme indiqué en orange dans la figure RA.3, pour faire face aux problèmes croissants de l'informalité dans les périphéries et du déclin urbain dans les zones centrales de Kinshasa.

Quant aux institutions, l'élément central est la gestion de l'équilibre entre la planification urbaine et les droits de propriété. À mesure que les villes grandissent, elles doivent fournir des équipements sociaux et des routes – des éléments qui constituent souvent un moteur du plan d'urbanisme étant donné qu'ils nécessitent des ressources pour l'investissement. Ceci dit, on néglige généralement l'aspect conceptuel de la planification urbaine. La planification de l'expansion urbaine dans des schémas directeurs qui affectent des terrains à des routes futures, à des équipements sociaux, et des réseaux d'adduction d'eau, d'assainissement et d'électricité rendra les villes beaucoup plus vivables tout en aidant à arrimer les investissements aux possibilités de financement qui se présentent. Le manque de planification, même sans investissement dans les infrastructures, est l'une des principales causes de l'instauration de droits de propriété informels et de la formation des bidonvilles. La planification urbaine comporte de nombreuses exigences et strates. En République démocratique du Congo, il est recommandé d'adopter une structure « plus simple » de planification urbaine qui cadre avec les besoins en matière de gestion du territoire et avec les faibles capacités d'investissement.

Pour ce qui est des infrastructures, l'équilibre se situe entre l'amélioration des équipements sociaux et des services ou l'expansion du réseau de transport étant donné les capacités d'investissement limitées. Traditionnellement, la solution dans les grandes villes provient des forces de l'économie politique. Les zones centrales sont celles où la population plus aisée se concentre alors que les zones pauvres les plus denses se situent en périphérie. L'une ou l'autre catégorie attirerait des investissements plus importants en fonction du cycle politique qui prévaut. Une autre solution pour rompre le cercle vicieux du sous-investissement dans des composantes essentielles de l'urbanisation consiste à promouvoir un programme de développement des infrastructures axé sur l'amélioration de la fonctionnalité de Kinshasa et de Matadi. Il s'agit essentiellement d'améliorer les routes et l'accès aux services dans des zones qui concentrent les emplois tout en améliorant les services de transport le long des principaux axes afin d'élargir le bassin du marché du travail. Kinshasa fonctionne déjà avec cette logique, qui demande à être renforcée et formalisée.

Pour ce qui est des interventions, à Kinshasa, elles doivent permettre de réduire la formation de bidonvilles et le délabrement des zones centrales convenablement desservies. Les zones centrales très bien situées et viabilisées dotées d'infrastructures post-industriels renferment d'immenses possibilités de devenir des centres de création d'emplois et de logements. Les catégories sociales à revenu moyen choisissent déjà des communautés fermées alors que les villes peuvent leur fournir des solutions de rechange qui peuvent avoir recours à ces zones centrales. À titre d'exemple, des interventions ciblées visant la rénovation de zones manufacturières héritées de l'époque coloniale peuvent permettre de créer des emplois et d'améliorer les conditions de vie.

En somme, il faudra du temps et des ressources financières pour mettre en œuvre ces politiques, mais il est indispensable d'enclencher le processus dès maintenant parce que les investissements d'aujourd'hui auront une incidence sur les résultats de demain. Si l'urbanisation promet de stimuler la croissance économique, de réduire la pauvreté et d'élargir l'accès à l'emploi, au logement et aux services, l'issue dépend en grande partie de la façon dont le processus est géré. La République démocratique du Congo est à la croisée des chemins, face à des défis immenses, mais aussi à de grandes opportunités pour tirer profit de son urbanisation et opérer un changement structurel de son économie. Les décideurs du pays devraient investir maintenant afin que les générations futures puissent bénéficier des nombreux avantages de l'urbanisation sur le plan de la productivité et de l'habitabilité.

Note

1. Compte tenu des données disponibles au moment de la préparation de l'étude, l'analyse et le découpage en 5 espaces géographiques sont fondés sur l'organisation des 11 anciennes provinces.

Références bibliographiques

Ali, R., A. F. Barra, C. N. Berg, R. Damania, J. D. Nash, and J. Russ. 2015. "Infrastructure in Conflict Prone and Fragile Environments: Evidence from Democratic Republic of Congo." Policy Research Working Paper, World Bank, Washington, DC.

Damania, R., A. Alvaro, F. Barra, M. Burnouf, and D. Russ, D. 2016. "Transport, Economic Growth, and Deforestation in the Democratic Republic of Congo: A Spatial Analysis." Working Paper 103695, World Bank, Washington, DC.

De Saint Moulin, L. 2010. "Villes et organisation de l'espace au Congo (RDC)." Cahiers Africains / Afrika Studies No. 77. Paris: L'Harmattan.

Ghosh, T., R. L. Powell, C. D. Elvidge, K. E. Baugh, P. C. Sutton, and S. Anderson. 2010. "Shedding Light on the Global Distribution of Economic Activity." *Open Geography Journal* 3: 148–61.

World Bank. 2009. *World Development Report 2009: Reshaping Economic Geography*. Washington, DC: World Bank.

Un pays de la taille d'un continent présentant différents profils urbains

Un pays qui s'urbanise rapidement au niveau régional

Couvrant une superficie totale de 234 millions d'hectares, la République démocratique du Congo dispose du territoire le plus vaste en Afrique subsaharienne.

Le pays connaît une urbanisation rapide tel que le continent africain (encadré 1.1). En 2015, la proportion de la population urbaine en République démocratique du Congo est estimée à 42% - près de 30 millions de Congolais vivant en ville. Le pays abrite ainsi la troisième plus grande population urbaine en Afrique subsaharienne, après le Nigéria et l'Afrique du Sud. Le taux de croissance annuel de la population urbaine a été de 4,1% en moyenne au cours de la dernière décennie, ce qui se traduit par une augmentation du nombre de citadins de 1 million chaque année (Nations Unies 2014). Si cette tendance se poursuit, la population urbaine devrait doubler d'ici 2030 (figure 1.1). Ces données sont toutefois à considérer avec précaution (encadré 1.2).

D'ici 2030, Kinshasa pourrait devenir la plus grande ville d'Afrique. Entre 1984 et 2010, le taux de croissance annuel de la population de Kinshasa, la capitale, a été de 5,1% en moyenne, contre 4,1% au niveau national (De Saint Moulin 2010). Avec une population estimée à près de 12 millions d'habitants en 2016, Kinshasa représente le système urbain le plus vaste et celui ayant la plus forte croissance de la sous-région. À ce rythme, cette ville abritera plus de 24 millions d'habitants d'ici 2030 et sera la plus peuplée d'Afrique, devant Le Caire et Lagos. Cette perspective constitue une opportunité, mais aussi un risque que les conditions de vie des populations à Kinshasa se précarisent davantage – la ville pouvant devenir ainsi le plus grand bidonville d'Afrique, si l'urbanisation n'est pas bien gérée.

Un pays à urbanisation à différentes vitesses

Le pays compte cinq régions économiques. De la partie fortement rurale du Bassin du Congo à celle très urbanisée du Bas-Congo centrée sur Kinshasa, et de la région de l'est touchée par un conflit à celle du sud dominée par l'exploitation minière, chaque région présente des schémas d'urbanisation différents (carte 1.1 et figure 1.2).

* La région de l'Ouest de Kinshasa et les provinces du Bas Congo comptaient 14 millions de personnes en 2010. Il s'agit d'une zone fortement urbanisée qui abrite plus de 80% de citadins et affiche une croissance de la population urbaine de 4,8% en moyenne par an depuis le dernier recensement de 1984. La majorité de la population urbaine vit à Kinshasa et la population restante vit dans de petites villes de moins de 500 000 habitants.

Encadré 1.1 Tendances de l'urbanisation en Afrique

L'Afrique connaît une urbanisation rapide. D'ici 2050, un citadin sur cinq dans le monde résidera dans une ville africaine, contre un sur dix aujourd'hui (Nations Unies, 2011). Ce qui signifie une augmentation de la population des villes africaines de 850 millions d'habitants en moins de 40 ans. L'Afrique ayant réalisé moins de la moitié de son urbanisation, la ville africaine type va plus que doubler sa population, et de nombreuses nouvelles villes seront construites (Collier, 2016).

Deux questions principales se dégagent du débat entre les décideurs et les universitaires quant à savoir si l'urbanisation en Afrique diffère fondamentalement des modèles traditionnels d'urbanisation à travers le monde :

• L'Afrique s'urbanise avec un faible niveau de revenu par habitant, ce qui limite la mesure dans laquelle des structures durables peuvent être financées dans les secteurs du logement et des infrastructures. Les pays de l'Asie de l'Est et du Pacifique ont dépassé les 50% d'urbanisation en 2009 avec un PIB moyen par habitant de 5 300 dollars en 2005. L'Afrique du Nord et le Moyen-Orient ont atteint les 50% d'urbanisation en 1981 avec un PIB moyen par habitant de 2 300 dollars. L'Afrique subsaharienne, quant à elle, en est à 37% d'urbanisation avec un PIB moyen par habitant de 992 dollars (Banque mondiale, 2005). Cela signifie que les populations se concentrent dans les zones urbaines sans que cela ne s'accompagne d'investissements dans les structures physiques et le capital humain nécessaires pour tirer les avantages économiques de l'agglomération, et les gouvernements sont moins à même de gérer les externalités négatives.

• L'urbanisation en Afrique peut avoir été déclenchée par le développement des exportations de ressources naturelles plutôt que par l'amélioration de la productivité manufacturière. Les villes africaines sont davantage des « villes de consommation » que des « villes de production ».

Figure 1.1 Evolution de la population urbaine entre 1950 et 2050

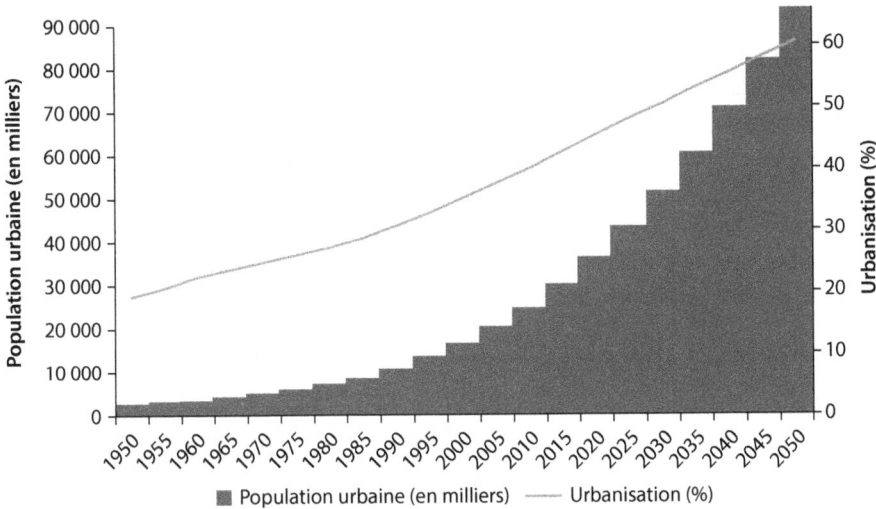

Source: Nations Unies, 2014.

- La région du Sud, qui comprend la province du Katanga, comptait 9 millions d'habitants en 2010 et sa population urbaine – la deuxième plus importante du pays – affiche une croissance annuelle de 3,4% par an. La proportion de la population urbaine est de 42%, tirée par Lubumbashi, la deuxième ville du pays par sa taille. Le Sud comporte un portefeuille équilibré de villes, avec près de 40% de la population urbaine vivant à Lubumbashi et 20% dans des villes de 500 000 à 1 million d'habitants.

Encadré 1.2 Sources de données et projections démographiques

En République démocratique du Congo, l'absence de recensement récent – le dernier en date a été réalisé en 1984 – fait qu'il est bien difficile de cerner la dynamique démographique du pays. Les chiffres de la population totale et de la population urbaine sont fondés sur des projections faites à partir de deux sources : le Rapport des Nations Unies sur les perspectives de l'urbanisation (Nations Unies 2014) et Léon De Saint Moulin, historien et démographe (De Saint Moulin 2010).

Tous les deux ans, la Division de la population du Département des affaires économiques et sociales de l'ONU publie des estimations et des projections de la population urbaine des grandes villes. Les estimations du Rapport des Nations Unies sur les perspectives de l'urbanisation sont basées sur le rapport population urbaine-population rurale du dernier recensement, en supposant une progression de la croissance urbaine dans les premiers stades.

Suite de l'encadré à la page suivante

Encadré 1.2 **Sources de données et projections démographiques** *(suite)*

Ces chiffres sont largement utilisés par des organisations internationales, des centres de recherche, des chercheurs universitaires et les médias. Selon l'Organisation des Nations Unies (2014), la République démocratique du Congo comptait 62 millions d'habitants en 2010, dont 39,9% vivaient dans les zones urbaines.

De Saint Moulin travaille sur le développement urbain en République démocratique du Congo depuis les années 1970. Il a estimé le taux d'urbanisation à 35,8% en 2010, en hausse par rapport aux 32,6% de 2000 (De Saint Moulin 2010). Bien que l'écart avec les estimations des Nations Unies soit significatif, les deux sources partent de bases différentes pour ce qui est de la population totale, et leurs estimations de la population urbaine sont donc proches (tableau de l'encadré).

Tableau B1.2.1 Estimations de la population urbaine en 2010
(en milliers)

	Population urbaine	Population totale	Proportion de population urbaine (%)
Nations Unies	24 838	62 192	39,9
De Saint Moulin	25 012	69 702	35,8

Carte 1.1 Cinq régions en République démocratique du Congo

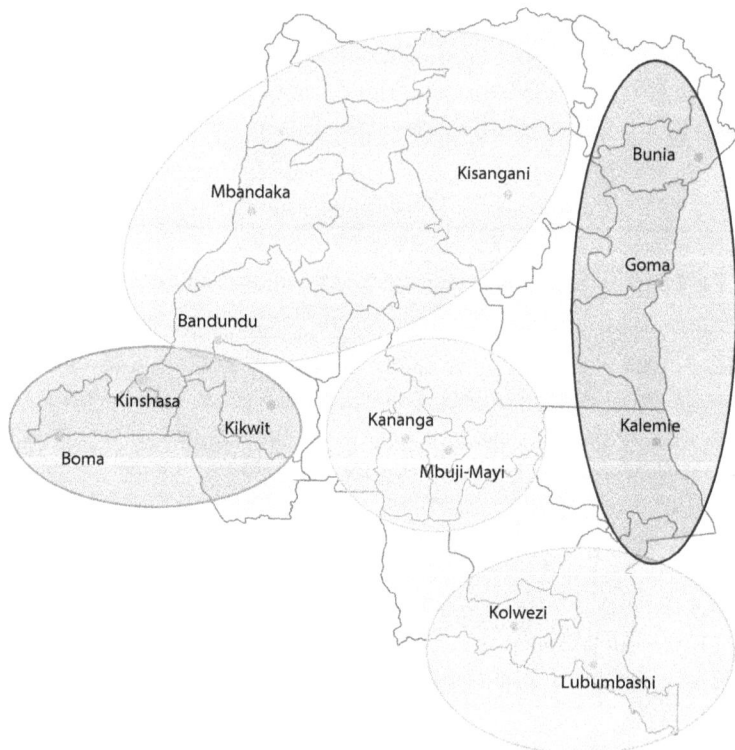

Figure 1.2 Cinq profils urbains

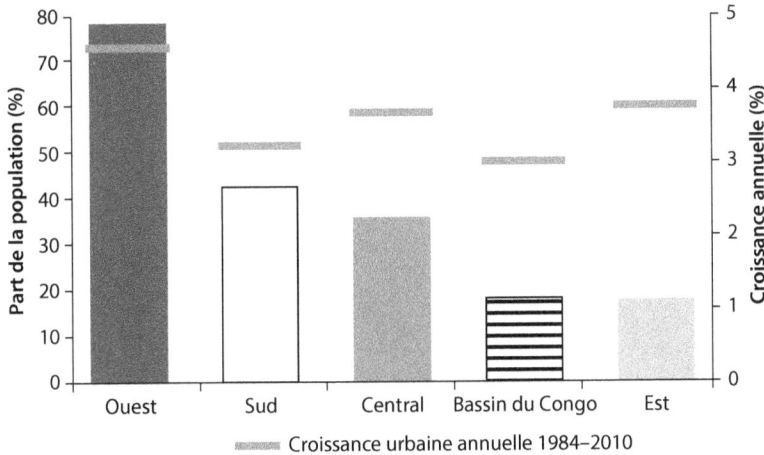

Source : Services de la Banque mondiale utilisant De Saint Moulin (2010).

- La région du Centre, qui regroupe les provinces du Kasaï, comptait 11 millions d'habitants en 2010, dont 35% de citadins. Dans cette région aussi, le portefeuille urbain est équilibré : 37% de la population urbaine vivait à Mbuji-Mayi, 30% dans des villes de 500 000 à 1 million d'habitants, et les 33% restants dans de petites villes de moins de 500 000 habitants.
- La région du Bassin du Congo, qui regroupe les provinces de l'Équateur, du Bandundu et la province Orientale, affiche le taux d'urbanisation le plus faible, couvre le territoire le plus vaste et compte 22 millions d'habitants. L'urbanisation y a lieu essentiellement dans les petites villes, à l'exception de Kisangani, qui compte 1 million d'habitants.
- La région de l'Est, qui compte les provinces du Kivu et du Maniema, a été le principal théâtre de la guerre civile et affiche une urbanisation relativement faible (17%). Elle affiche toutefois la croissance urbaine la plus rapide, tirée principalement par Goma, qui enregistre une croissance annuelle moyenne supérieure à 10% depuis 1984.

Développement économique différencié

Le pays dispose d'un portefeuille dynamique de villes

Avec plus de 12 millions d'habitants, Kinshasa est la troisième plus grande ville d'Afrique et la trentième au niveau mondial. Le pays compte quatre villes avec une population d'au moins 1 million d'habitants : Lubumbashi, Mbuji-Mayi, Goma et Kananga, et des petites villes intermédiaires de plus de 500 000 habitants. Le nombre de "petites" villes est estimé à 152 (De Saint Moulin, 2010) (carte 1.2).

Carte 1.2 Portefeuille de villes en République démocratique du Congo

Source : Calculs des services de la Banque mondiale basés sur les données des Nations Unies (2014).
Note : La dimension des cercles de couleur bleue turquoise représente la taille de la population, qui devrait être considérée comme relative, étant donné que toute estimation de la population des villes est fondée sur le recensement de 1984.

D'un point de vue spatial, l'activité économique est concentrée dans quelques régions

Kinshasa domine avec une densité économique beaucoup plus forte que les autres zones urbaines (carte 1.3). Des pics d'activité plus faibles sont enregistrés dans d'autres régions : à l'Ouest, Boma et le port de Matadi ; dans le Sud, Lubumbashi (capitale minière du pays avec d'énormes gisements de cuivre et de cobalt), Likasi et Kolwezi ; à l'Est, Goma ; dans le Centre, Mbuji-Mayi (une région riche en diamants) ; et dans le Bassin du Congo, Kisangani.

Cette tendance générale est similaire à celle observée à l'échelle mondiale – la géographie économique est spatialement hétérogène partout dans le monde

L'expérience internationale montre que l'activité économique se concentre dans les zones urbaines et que le développement industriel des économies modernes commence presque toujours dans les villes (Grover et Lall, 2015; Banque mondiale, 2016b). Plusieurs de ces avantages augmentent avec les économies d'échelle : les petites et très petites villes ne peuvent pas procurer les mêmes avantages productifs que les grandes villes, à commencer par des pics élevés d'emploi.

Carte 1.3 Distribution de l'activité économique sur le territoire

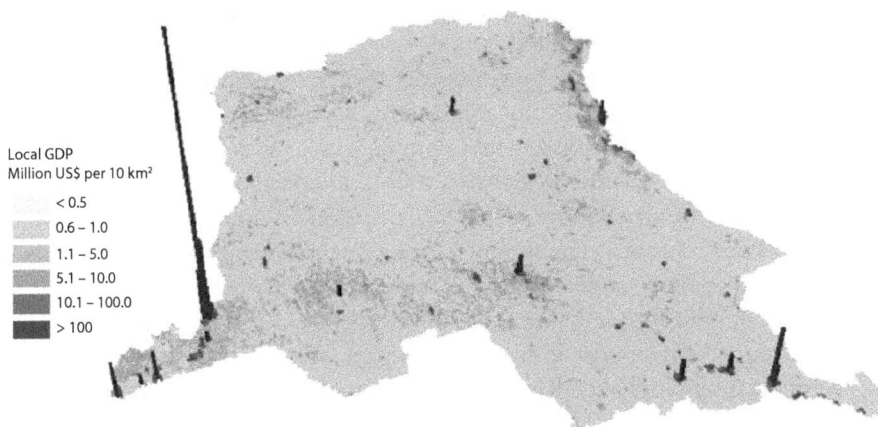

Local GDP
Million US$ per 10 km²

- < 0.5
- 0.6 – 1.0
- 1.1 – 5.0
- 5.1 – 10.0
- 10.1 – 100.0
- > 100

Source : Damania et al. (2016). Les données ont été obtenues par Ali et al. (2015) de l'ensemble de données Global Distribution of Economic Activity concernant le monde entier élaboré par Ghosh et al. (2010).
Note : GDP : PIB : Produit Intérieur Brut. Plus les barres sont élevées, plus l'activité économique est dense. L'estimation du PIB local est fondée sur l'éclairage nocturne et la densité de population selon LandScan. Oak Ridge National Laboratory, Oak Ridge, TN. http://web.ornl.gov/sci/landscan/

Les entreprises se regroupent pour tirer parti des économies d'agglomération, dont la plus basique est la réduction des coûts de transport de marchandises. Si un fournisseur se trouve à proximité des clients, les coûts d'expédition baissent. La fourniture de certains biens publics, comme les infrastructures et les services de base, est moins coûteuse lorsque la population est importante et dense. Des entreprises spatialement proches les unes des autres peuvent avoir des fournisseurs en commun, ce qui réduit les coûts des intrants. Un marché du travail élargi réduit les coûts de la recherche d'un emploi dans la mesure où les entreprises disposent d'un plus large bassin de travailleurs vers lequel elles peuvent se tourner chaque fois qu'elles ont besoin d'embaucher. Et la proximité spatiale fait qu'il est plus facile pour des travailleurs de s'échanger des informations et d'apprendre les uns des autres. Les données internationales montrent que la diffusion des connaissances joue un rôle clé dans la détermination de la productivité des villes prospères. Dans les villes des États-Unis, par exemple, une hausse de 10% de la proportion de travailleurs ayant un diplôme d'études universitaires est associée à une hausse de 22% du produit métropolitain par habitant (Glaeser 2011).

Alors que la Chine et la République de Corée ont encouragé l'essor de « montagnes » d'activité économique (carte 1.4), en République démocratique du Congo de « petites collines » commencent à voir le jour. La Chine s'est lancée dans une urbanisation agressive, mais l'activité économique est concentrée dans l'est du pays. La République de Corée a enregistré l'un des taux d'urbanisation les plus rapides de tous les temps, avec une activité économique concentrée à Séoul. Le cas de l'Inde est plus ambivalent : des pics ont commencé à voir le jour et à progresser. Dans chacun de ces pays, l'essentiel de l'activité économique a lieu dans quelques villes.

Les régions de la République démocratique du Congo sont caractérisées par des potentiels de croissance différents, la dotation en ressources naturelles et les opportunités commerciales

- La région de l'Ouest est constituée du triptyque Boma-Kinshasa- Kikwit (encadré 1.3). Elle abrite la plus importante population de toutes les régions, concentre le plus d'établissements commerciaux, et présente la meilleure connectivité avec d'autres régions (à travers le corridor de transport fluvial Kinshasa-Kisangani). Son principal centre économique est Kinshasa. Son potentiel de croissance économique réside principalement dans la production de cultures vivrières et de cultures de rente, et les activités connexes de fabrication et de transformation agroalimentaires. Elle a accès aux marchés et aux fournisseurs étrangers par le seul port du pays qui se trouve à Matadi et par l'aéroport international de Kinshasa. Elle est voisine de pays relativement plus riches comme l'Angola, la République du Congo et le Gabon.

Carte 1.4   Au niveau mondial, l'activité économique est répartie de manière hétérogène

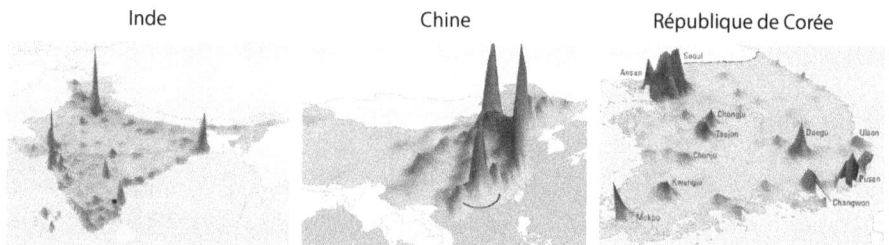

Source : Banque mondiale, 2009.

Encadré 1.3   Concentration des activités et du développement économique dans la République démocratique du Congo au XIXe siècle

La concentration spatiale de l'activité économique est un signe du développement de la République démocratique du Congo depuis le XIXe siècle, à l'époque où le système de production axé sur les produits de base a été établi autour des voies de transport et des centres d'approvisionnement.

Un entretien avec l'explorateur Henry Stanley paru dans le *New York Times* en 1891 illustre bien cette concentration autour de Kinshasa d'aujourd'hui. L'explorateur déclarait en effet : « *Il y a plus de 800 000 habitants qui vivent sur les rives de fleuves navigables. … Un transporteur est payé 5 dollars pour transporter une charge de Matadi à Stanley Pool et le même montant en sens inverse, … avec l'achèvement prochain des travaux de construction de la voie ferrée … ce sont 75 000 transporteurs qui interviendront entre Matadi et le Pool* » (New York Times, 1891).

La mise en place de logistique à l'époque coloniale a créé une dynamique importante pour la formation des villes, non seulement autour de Kinshasa, mais aussi dans des centres urbains secondaires comme Lubumbashi, Ilebo, Kisangani et Goma.

- La région du Bassin du Congo est constituée du triptyque Bandundu-Mbandaka-Kisangani. Elle est relativement bien reliée à Kinshasa et au port de Matadi (Bandundu se situe à environ 400 km de Kinshasa par voie routière) et dispose d'un petit aéroport régional et de services transport par ferry; la ville de Mbandaka est reliée à Kinshasa par ferry et par avion. Kisangani, qui se situe plus au nord, est le point navigable le plus en amont du fleuve Congo, et elle est le deuxième plus grand port intérieur du pays après Kinshasa ; elle est par ailleurs la troisième plus grande ville du pays. Le potentiel de la région réside dans l'industrie forestière, l'alimentation et la production de cultures de rente, et les activités connexes de fabrication et de transformation. Elle a du potentiel pour être intégrée à la région de l'Ouest, et devenir un important centre de production agricole desservant Kinshasa.

- Le potentiel de croissance de la région de l'Est se trouve dans la cassitérite, le coltan et les minéraux connexes, les cultures vivrières, la pêche et l'agro-industrie connexe. La région est la principale liaison du pays avec les ports d'Afrique de l'Est. Bunia, une ville située à environ 40 km de la frontière avec l'Ouganda, est un centre important pour le commerce intérieur et le commerce transfrontalier avec l'Ouganda. Goma, la capitale de la province du Nord-Kivu, dispose du potentiel pour être la principale plaque tournante des transports assurant la liaison entre la République démocratique du Congo et le port de Mombasa au Kenya. Bukavu est proche du réseau routier de l'Afrique de l'Est qui est en relativement bon état, la route transafricaine jusqu'à Mombasa et les ports du lac Tanganyika de Bujumbura et de Kalundu-Uvira. Kalémie est une ville portuaire construite pour relier la ligne de chemin de fer des Grands Lacs au port lacustre tanzanien à Kigoma, d'où part la ligne ferroviaire centrale tanzanienne pour rejoindre le port de Dar es-Salaam.

- La région du Sud est centrée sur Lubumbashi, la capitale de la province du Katanga et la deuxième plus grande ville du pays. Elle présente un potentiel considérable de croissance dans l'extraction de cuivre, de cobalt et de zinc, et possède les deuxièmes plus riches réserves de cuivre dans le monde après le Chili. Il existe aussi un potentiel de croissance dans le secteur manufacturier. Lubumbashi dispose déjà d'un secteur manufacturier de taille considérable, qui englobe les textiles, les produits alimentaires et les boissons, l'impression et les briqueteries. La région est reliée par chemin de fer aux provinces voisines et a accès aux marchés étrangers par les frontières avec l'Angola, la Zambie et le reste de l'Afrique australe et le port de Durban. Elle est également liée au port de Maputo au Mozambique.

- La région du Kasaï-Central est principalement une zone d'exploitation minière qui présente du potentiel pour les cultures vivrières. Elle est centrée sur deux grandes villes, à savoir Kananga, la capitale du Kasaï-Central et Mbuji-Mayi, la capitale du Kasaï-Oriental. Les deux villes sont des centres de commerce de diamants, et les deux provinces auxquelles elles appartiennent disposent de l'une des plus grandes réserves de diamants industriels au monde. La région présente également d'un potentiel important pour les

Tableau 1.1 Produits par région

	Ouest	Bassin du Congo	Est	Sud	Centre
Cultures vivrières	Manioc	Manioc, maïs, riz	Riz	Maïs	Manioc, maïs, riz
Cultures de rente	Huile de palme	Huile de palme, coton	Huile de palme, café, thé	—	—
Secteur manufacturier	Textile, industrie alimentaire	Textile, boissons, mobilier	Textile, mobilier, produits ligneux	Boissons, matériaux de construction	Textile, industrie alimentaire, boissons
Mines	—	Or	Cassitérite, coltan et minéraux connexes	Cassitérite, coltan et minéraux connexes, cuivre, cobalt, zinc	Diamants

Source : Fondé sur Banque mondiale 2015.
Note : Les industries manufacturières choisies par région sont celles qui représentent la plus grande part des emplois dans la région selon l'Enquête NIS de 2012. — = Données indisponibles.

cultures vivrières. La ligne de chemin de fer Ilebo-Lubumbashi relie la région au corridor Kolwezi-Lubumbashi au sud et, par cette voie, à l'Afrique australe (tableau 1.1).

Les échanges commerciaux entre les cinq régions sont faibles, mais ces dernières entretiennent des liens commerciaux avec le reste du monde. La Zambie est la deuxième destination la plus importante des exportations de la République démocratique du Congo, et la deuxième source des importations. Près d'un cinquième des exportations du pays sont destinées à la Zambie, et 12 % de ses importations en proviennent. Les exportations vers la Zambie sont principalement constituées de minerais de cuivre et, dans une moindre mesure, de minerais et composés de cobalt[1]. Les importations sont plus variées et comprennent les produits chimiques, le ciment, les machines, les produits végétaux et les denrées alimentaires. La relation est moins étroite avec les autres voisins (tableau 1.2) : moins de 1 % des exportations leur sont destinés ; les importations en provenance de la Tanzanie représentent 4,2 % des importations totales, celles de l'Ouganda 2,7 % et celles du Rwanda 2,3 %. Les principaux partenaires en exportation du pays sont présentés dans le tableau 1.2.

Malgré quelques signes de concentration, l'activité économique en République démocratique du Congo reste faible

L'urbanisation en République démocratique du Congo se fait à des niveaux de revenu beaucoup plus bas que partout ailleurs dans le monde, y compris le niveau moyen des pays d'Afrique subsaharienne (figure 1.3, panel a, et voir encadré 1.1). Le Produit Intérieur Brut (PIB) par habitant du pays, 712 dollars (en parité du pouvoir d'achat), est inférieur d'un tiers à celui d'un pays moyen à urbanisation similaire. Le pays se classe également à l'avant-dernier rang parmi les 24 pays ayant une urbanisation de 35 à 45 % par rapport au PIB par habitant en 2014 (figure 1.3, panel b).

Tableau 1.2 Les exportations vers les pays voisins sont faibles, hormis celles destinées à la Zambie

	Importations (pourcentage du total)	Exportations	PIB par habitant (dollars constants de 2005)	Population (millions)
Pays voisins				
Angola	..	..	..	24,2
Burundi	0,4	0,0	153	10,8
République centrafricaine	0,0	0,1	226	4,8
Congo, Rép. du	0,2	0,2	2 067	4,5
Rwanda	2,3	0,1	446	11,3
Soudan du Sud	..	..	..	11,9
Tanzanie	4,2	0,0	588	51,8
Ouganda	2,7	0,1	435	37,8
Zambie	12,0	19,5	1 033	15,7
Principaux partenaires				
Chine	20	38	3 863	1 364
Afrique du Sud	19	0	6 088	54,0
Belgique	6	4	38 190	11,2

Source : NU Comtrade 2014 ; Banque mondiale 2014b.
Note : PIB = Produit Intérieur Brut.

Figure 1.3 La République démocratique du Congo s'urbanise à des faibles revenus par tête

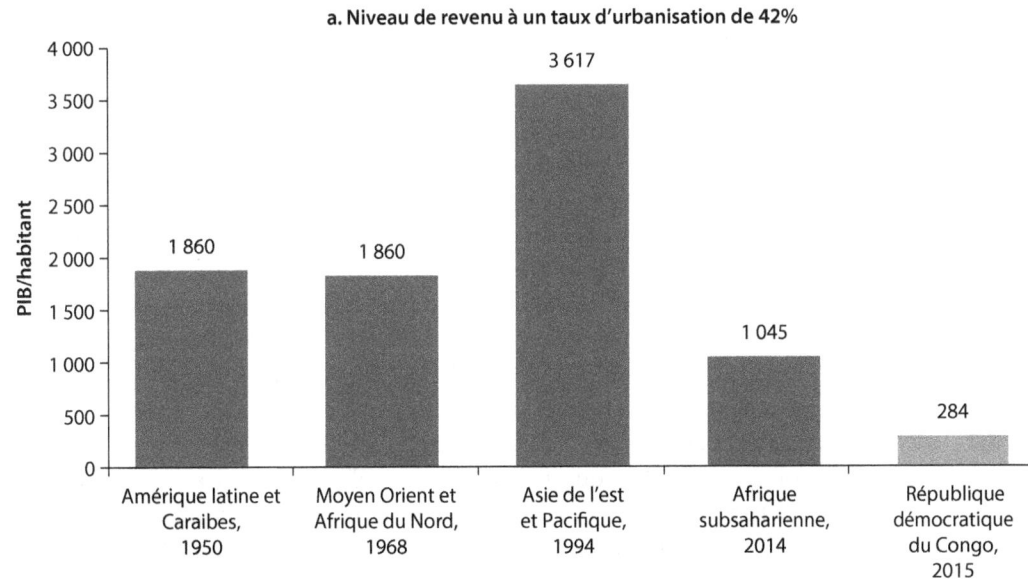

a. Niveau de revenu à un taux d'urbanisation de 42%

Suite de la figure à la page suivante

Figure 1.3 La République démocratique du Congo s'urbanise à des faibles revenus par tête *(suite)*

b. PIB de pays avec un taux d'urbanisation entre 35 et 45%

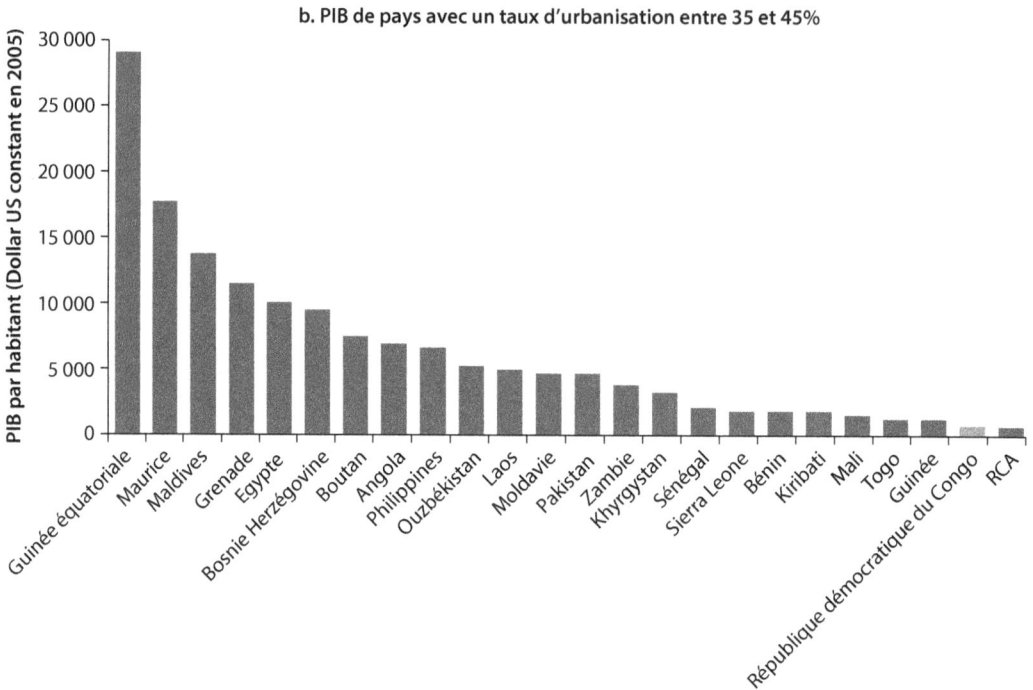

Source: Banque mondiale 2013.

La République démocratique du Congo pâtit de la concentration de l'activité dans le secteur primaire et dans celui des biens et services non échangeables

Bien que la République démocratique du Congo soit déjà parvenue à un stade d'urbanisation intermédiaire, sa proportion d'emplois agricoles reste élevée. La part des emplois dans le secteur agricole représente encore 70% de la population active, une proportion très élevée en comparaison aux normes internationales (figure 1.4). En général, au fur et à mesure que les villes s'agrandissent, elles emploient la main-d'œuvre dans des secteurs plus productifs comme le secteur manufacturier et celui des services, qui à leur tour offrent de meilleurs salaires et attirent davantage de migrants des zones rurales. Or, l'industrie en République démocratique du Congo représente moins de 5% des emplois, et les services seulement 9,2%. La moitié de ces emplois relève du secteur informel. De plus, dans les zones urbaines, les deux tiers des travailleurs sont employés dans des activités locales, dont les marges de croissance et les possibilités de création d'emplois sont limitées en raison des freins que représentent leurs structures de production. À Kinshasa, par exemple, le secteur des services emploie 83% de la main-d'œuvre (INS 2014).

La croissance économique est tirée principalement par les exportations de ressources naturelles. Un pays qui exporte une forte proportion de produits primaires (boissons et tabac, matières brutes, produits alimentaires, hydrocarbures, huiles et graisses, et métaux) est vulnérable aux fluctuations des prix internationaux de ces produits. En outre, les exportations de ressources naturelles

Figure 1.4 Proportion de l'emploi dans l'agriculture au niveau mondial, par taux d'urbanisation

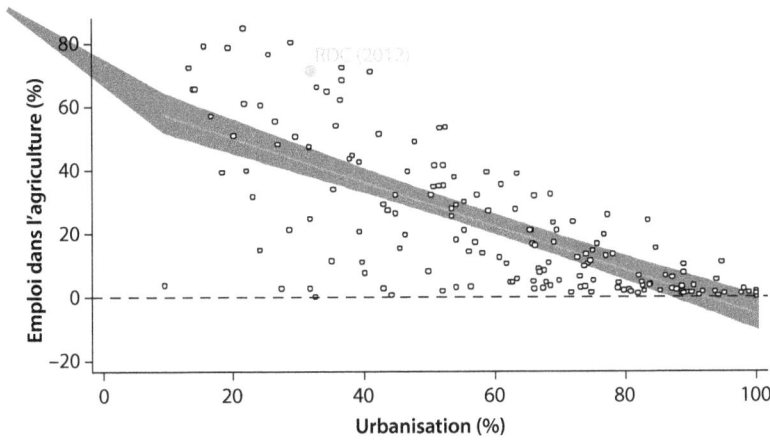

Source : World Bank 2014a; NIS 2012.

surévaluent les taux de change, ce qui réduit la compétitivité du pays dans le secteur manufacturier face à des pays dont les taux de change réels reflètent mieux la structure des coûts. De 2000 à 2011, les pays africains tributaires des matières premières ont bénéficié d'une envolée des prix de ces produits, qui s'est aujourd'hui estompée. La concentration des ressources naturelles encourage en outre, la quête de rente et la corruption qui, venant s'ajouter à l'instabilité macroéconomique, engendrent l'instabilité politique.

En 2012-2013, 96% des exportations de marchandises de la République démocratique du Congo étaient constitués de produits primaires. Équivalant à 30% du PIB, cette part représente le triple du seuil de 10% qui fait dire d'un pays qu'il est « tributaire des matières premières ». Parmi ces matières premières, 83% étaient des minerais, des métaux, des pierres précieuses et de l'or non monétaire. La République démocratique du Congo est le plus grand producteur de cobalt et de diamants industriels au monde, soit respectivement environ 50% et 27% de la production mondiale en 2014 (Enquête géologique des États-Unis 2015). Le pays a été particulièrement touché par la baisse du prix du cuivre, qui représente 43% de ses exportations et dont la production est concentrée dans la ceinture de cuivre comprise entre Lubumbashi et Kolwezi dans la région du Sud (CNUCED 2015).

Les villes congolaises sont spécialisées dans des activités locales constituant des biens et services non échangeables. Le pays suit le modèle de nombreuses villes africaines, où le secteur des biens et services non échangeables est beaucoup plus important que dans les villes d'autres pays en développement (figure 1.5). Or, la production de biens et services non échangeables (c'est-à-dire consommés localement) condamne les villes à une faible croissance économique. En République démocratique du Congo, les agrégats par région montrent que le Sud (qui

Figure 1.5 Entreprises relevant du secteur de biens et services non échangeables, par ville

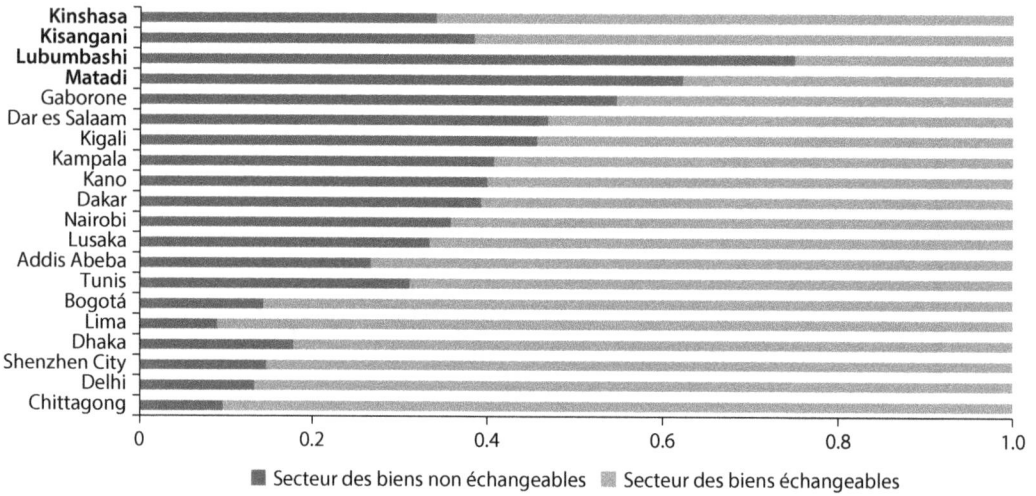

Source : Enquête sur le climat mondial des affaires (WBES) 2010.
Note : Les villes en République démocratique du Congo sont en gras.

Figure 1.6 Activités des secteurs des biens non échangeables et échangeables, par région

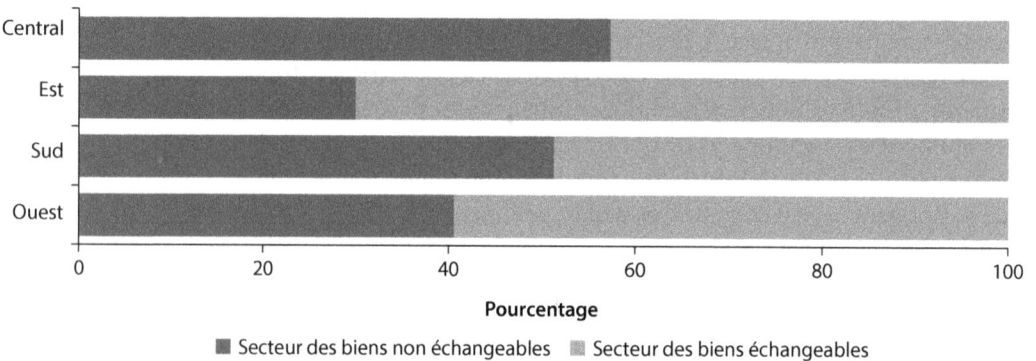

Source : Enquête sur le climat mondial des affaires (WBES) 2013.
Note : Les données concernent quatre régions : Les villes qui ont fait l'objet de l'enquête sont Kananga et Mbuji-Mayi dans la région du Centre ; Bukavu, Butembo, Goma et Kisangani dans l'Est ; Likasi et Lubumbashi dans le Sud ; et Boma, Kikwit, Kinshasa et Matadi à l'Ouest.

comprend Likasi et Lubumbashi) et le Centre (comprenant Kananga et Mbuji-Mayi) sont les régions où le secteur des biens et services non échangeables occupe une place plus importante (figure 1.6). Ces régions sont en fait des centres de production du cobalt, du cuivre et du diamant.

Les entreprises en République démocratique du Congo peinent à se développer et tirer parti des économies d'échelle en raison de la forte concentration d'entreprises intervenant dans des secteurs de biens et services non échangeables et des termes de l'échange qui sont défavorables. Comme c'est le cas avec de nombreuses entreprises de détail en Afrique, beaucoup d'entreprises en République démocratique du Congo sont des entreprises familiales ne comptant que quelques employés. Parmi les ménages interrogés dans le cadre de l'Enquête 123 réalisée en 2012 (INS 2012), 53% étaient des travailleurs indépendants et 30% travaillaient dans une entreprise de moins de cinq employés, ce qui n'est pas surprenant dans la mesure où le marché des activités échangeables est étriqué au niveau régional.

Les entreprises en République démocratique du Congo sont nettement plus petites qu'ailleurs en Afrique. Cela peut constituer une indication d'un manque d'exploitation des économies d'agglomération et des possibilités de spécialisation qu'offrent les villes. Les villes grandes et denses telles que Kinshasa, Kisangani et Lubumbashi devraient être en mesure de se spécialiser, de produire davantage et de faire leur entrée sur les marchés d'exportation. Le ratio entreprises/emplois dans le secteur des biens et services échangeables est plus élevé que dans le secteur des biens et services non échangeables : les activités productives à petite échelle ont des rendements décroissants, présentent moins de chances de créer des emplois et de stimuler la croissance que les activités échangeables. Les entreprises qui produisent des biens échangeables et exportent vers les marchés régionaux et mondiaux sont plus grandes de par leur production et les emplois, et elles paient des salaires plus élevés (Banque mondiale 2016b). Elles connaissent en outre une expansion plus rapide.

Le secteur informel est le plus grand employeur, concentrant 60 à 80% des emplois. L'informalité est difficile à définir en République démocratique du Congo, et la plupart des études qualifient d' « informelle » une entreprise en fonction soit de sa taille (moins de cinq employés, par exemple) soit de son statut d'enregistrement (Banque mondiale 2014a). Le secteur informel est peu contrôlé, bien qu'une étude réalisée en 2004 par l'Institut National de la Statistique dans la région de Kinshasa ait fait état de près de 540 000 entreprises non immatriculées dans la seule capitale, lesquelles produisent une valeur ajoutée annuelle estimée à 485 milliards de francs congolais. Ces entreprises ont généré 70% des emplois dans la région (692 000 emplois) contre les 12% d'emplois fournis par le secteur privé formel et les 17% du secteur public. (La plupart de ces entreprises informelles ne comptant qu'un seul entrepreneur, les données pointent des activités de subsistance.) Ces chiffres sur les emplois informels correspondent aux estimations faites pour d'autres pays d'Afrique subsaharienne entre 60 à 80%. La dernière enquête sur l'évaluation du climat d'investissement (2006) a indiqué une part encore plus importante de l'activité informelle, de l'ordre de 90% de l'ensemble des activités commerciales, et a constaté que la majorité des entreprises informelles menait des activités de détail et de commerce (63,2%), suivies par les activités industrielles et manufacturières (14,8%) et les services (12,3%).

La baisse récente des prix des matières premières telles que le pétrole, le cobalt ou le cuivre va affecter l'économie congolaise et peut menacer la croissance économique, mais elle peut offrir l'occasion de diversifier l'économie. Comme il est difficile de prédire les secteurs spécifiques à développer, les investissements doivent soutenir toute une gamme d'activités. L'urbanisation et les villes bien gérées constituent des opportunités car « pratiquement tout créneau qui s'avère viable sera exploité dans les villes, et pour que la démarche soit couronnée de succès, les villes devront fonctionner efficacement » (Banque mondiale 2016b).

Manque de convergence des niveaux de vie

Le développement peut toujours être inclusif lorsque les disparités spatiales dans les niveaux de vie sont atténuées

Au fur et à mesure qu'un pays s'urbanise, il est indispensable qu'il offre des conditions de vie plus équitable pour tous. À mesure que les pays se développent, la production se concentre du point de vue spatial, et les différences de niveau de vie entre les régions divergent avant de converger. Certes toutes les localités n'accèderont pas à la prospérité en même temps, mais il ne faudrait laisser aucune d'elles s'embourber dans la pauvreté. Avec des politiques judicieuses, la concentration de l'activité économique et la convergence des niveaux de vie peuvent se faire simultanément. Les pays les plus prospères mettent en place des politiques qui tendent à uniformiser les niveaux de vie sur le plan spatial. La production économique devient plus concentrée, tandis que les niveaux de vie convergent (Banque mondiale 2009). En Afrique, cependant, la densité de population n'a pas été soutenue par la densité économique (encadré 1.4).

Encadré 1.4 Les villes africaines sont surpeuplées, déconnectées et coûteuses

La plupart des villes africaines présentent habituellement trois caractéristiques communes qui freinent le développement urbain et constituent les sources de problèmes quotidiens pour les habitants.

Elles sont surpeuplées. La densité de population et la densité économique ne convergent pas. Les investissements dans les infrastructures et les structures industrielles et commerciales n'ont pas suivi le rythme de la concentration de la population, tout comme les investissements dans le logement formel abordable. La congestion et les coûts qui lui sont associés annihilent les avantages de la concentration urbaine.

Elles sont déconnectées. Les villes africaines se sont développées sous la forme d'un ensemble de petits quartiers fragmentés, sans moyens de transport fiables, ce qui limite les opportunités d'emploi pour les travailleurs et empêche les entreprises de tirer parti des économies d'échelle et d'agglomération.

Elles sont coûteuses pour les ménages et les entreprises. Des salaires nominaux et des coûts de transaction élevés dissuadent les investisseurs et les partenaires commerciaux, en particulier dans les secteurs exportables régionaux et internationaux ; les coûts élevés des denrées alimentaires, du logement et du transport auxquels doivent faire face les travailleurs augmentent les coûts de la main d'œuvre pour les entreprises, réduisant le rendement attendu des capitaux investis (Banque mondiale, 2016b).

En République démocratique du Congo, l'accès aux services de base est géographiquement inégal

L'accès à des services de meilleure qualité est beaucoup plus élevé dans l'Ouest. Si l'accès à l'eau courante est de 66% à Kinshasa, il n'est que de 39% dans l'Est et de 35% dans le Sud (figure 1.7, panel a). L'accès dans le Bassin du Congo et dans la région du Centre est inférieur à 15%. De même, l'accès à des sanitaires modernes est de 27% dans l'Ouest, de 9% dans le Sud, et pratiquement inexistant dans le reste du pays (figure 1.7, panel b). Dans les provinces de l'Est (les

Figure 1.7 L'accès à des services de meilleure qualité est extrêmement inégal à travers le pays

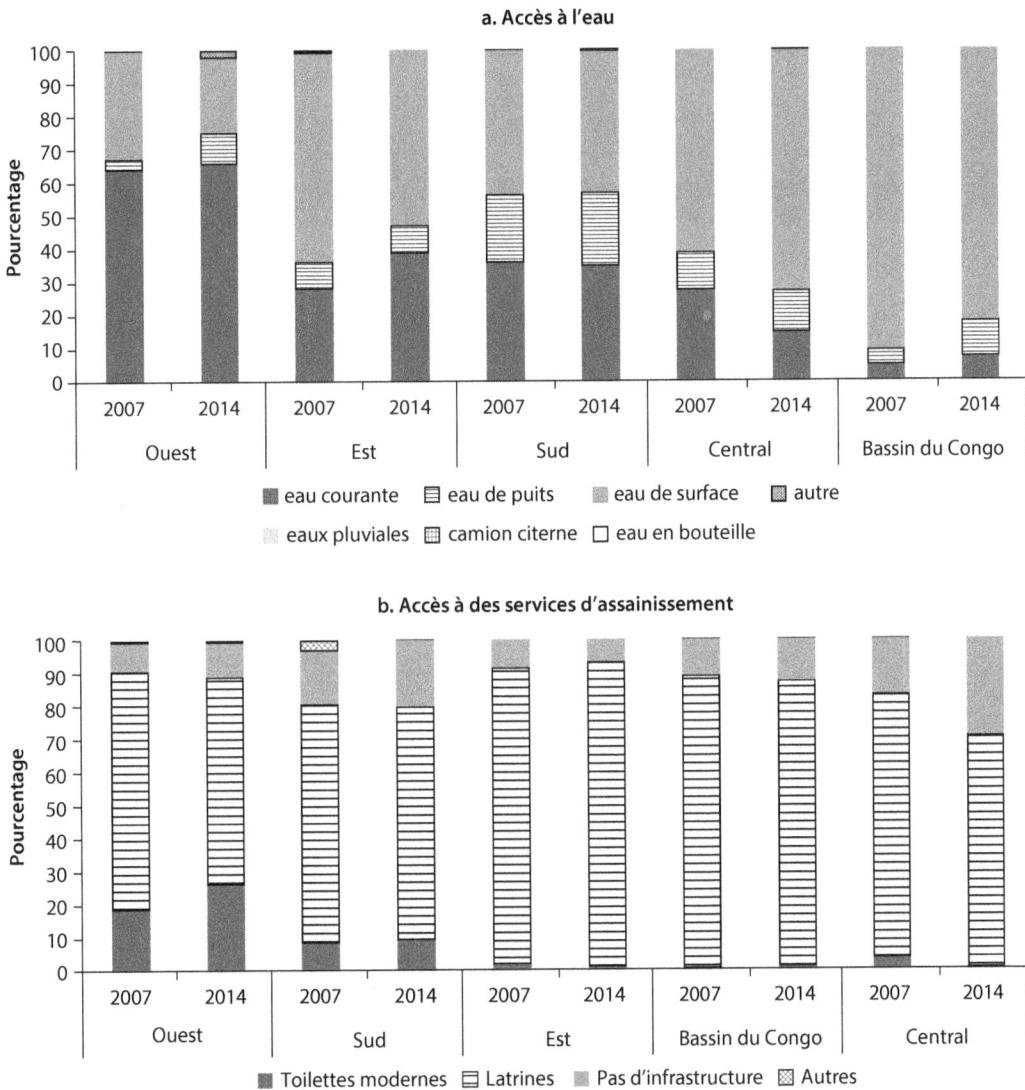

a. Accès à l'eau

b. Accès à des services d'assainissement

Source: INS 2007, 2014.

deux Kivu et le Katanga), la prestation de services est également meilleure, probablement en raison des activités des organismes d'aide.

L'accès à l'eau est plus élevé à Kinshasa et on n'y note cependant aucun signe de convergence. Les investissements réalisés dans le secteur de l'eau par les pouvoirs publics et les ménages ont suivi le rythme de l'urbanisation et a augmenté récemment, sauf à Kinshasa. Si l'accès à des services améliorés d'alimentation en eau dans la capitale est de 99%, il est d'environ 80% dans d'autres zones urbaines et d'à peine plus de 30% dans les zones rurales. On observe des progrès à Kinshasa, mais peu de changements ailleurs (figure 1.8, panel a).

L'accès à l'assainissement est globalement faible dans les zones urbaines comme en milieu rural. À Kinshasa, l'accès à des services d'assainissement améliorés[2] a légèrement progressé, après avoir reculé entre 2001 et 2007 (figure 1.8, panel b). En 2014, moins de la moitié des Kinois (habitants de Kinshasa) avait accès à des services d'assainissement améliorés.

Dans d'autres zones urbaines et rurales, le taux d'accès a augmenté respectivement à 40% et 31%.

Il existe en outre d'importantes variations dans l'accès aux services de base à Kinshasa. L'accès aux services diminue au fur et à mesure qu'on s'éloigne du centre-ville, Gombe (figure 1.9). L'accès à l'eau courante a à peine augmenté entre 2007 et 2013 et reste à un taux moyen près de la Gombe (jusqu'à 15 km), mais il chute ensuite. L'accès à des fosses septiques est amélioré à proximité du centre-ville, et l'accès à l'électricité a augmenté avec la distance par rapport à ce point.

Les niveaux de vie dans les différentes localités ne convergent pas

La pauvreté en République démocratique du Congo est élevée par rapport au niveau d'urbanisation du pays. Si l'on s'en tient aux normes internationales qui fixent le seuil de pauvreté à 3,10 dollars par jour pour vivre, alors plus de 90%

Figure 1.8 L'accès aux services de base fait apparaître de grandes disparités géographiques

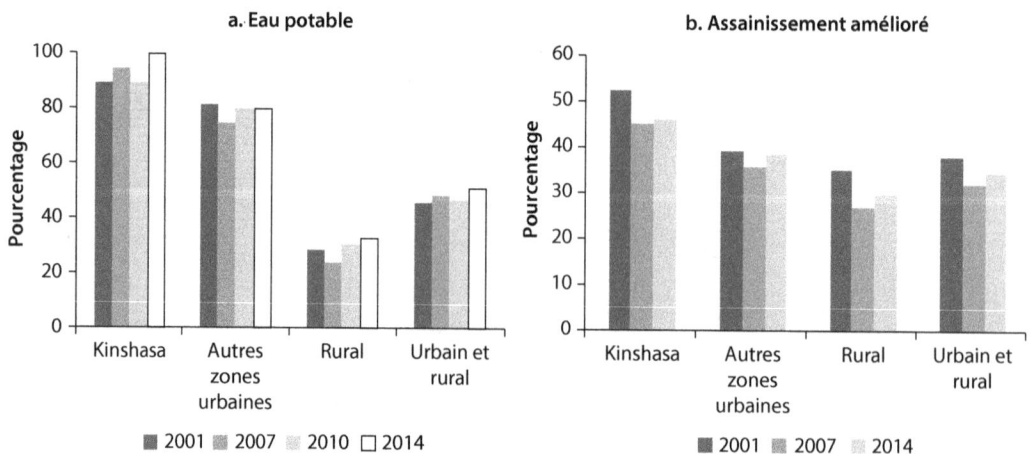

Source : Banque mondiale, 2016b, calculs basés sur UNICEF 2001, 2010 et EDS 2007, 2013-14.

Figure 1.9 Évolution de l'accès aux infrastructures à Kinshasa en fonction de la distance du centre-ville, 2007 et 2013

a. Eau courante

b. Fosse septique

c. Électricité

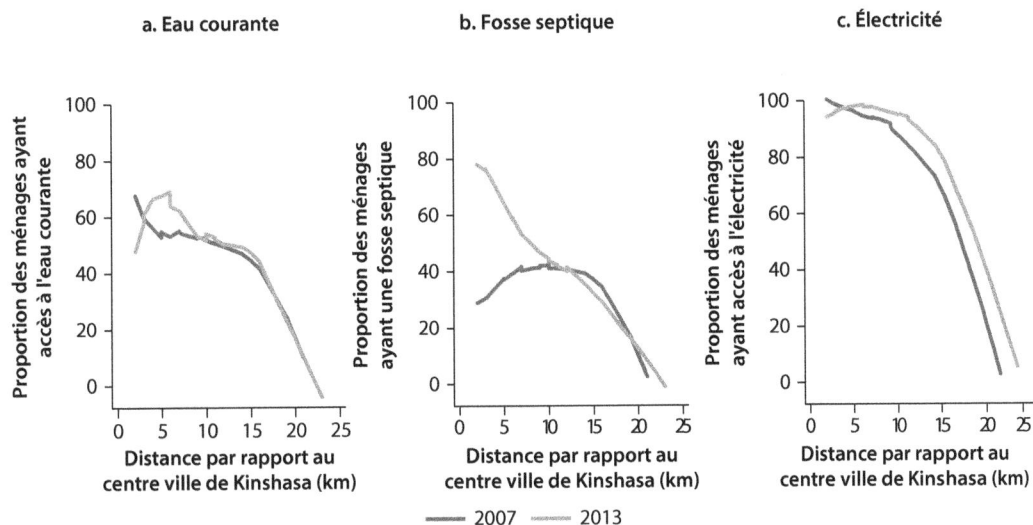

──── 2007   ┄┄┄┄ 2013

Sources : Banque mondiale, calculs fondés sur l'EDS 2007 et 2013–14.
Note : Les lignes continues sont fondées sur des régressions pondérées par la distance.

Figure 1.10 Incidence de la pauvreté par taux d'urbanisation

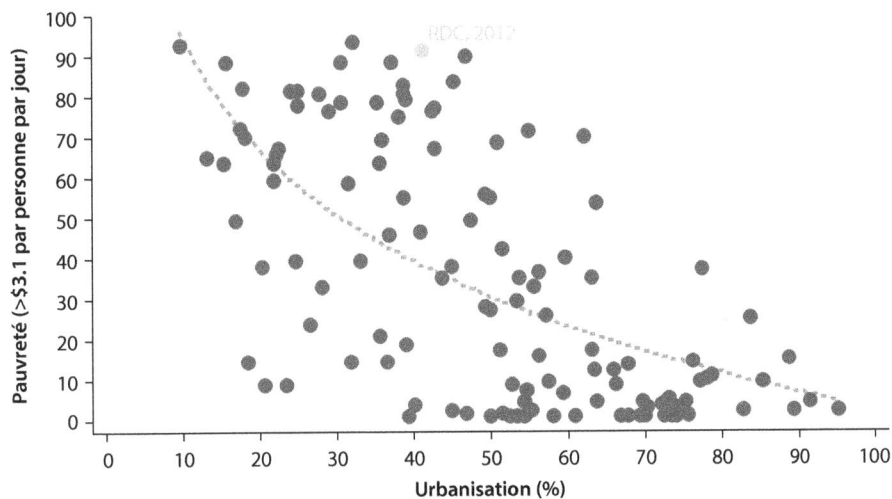

Source : Banque mondiale 2014b.

des Congolais vivent en dessous de ce seuil (figure 1.10). Ce taux de pauvreté est élevé en comparaison à d'autres pays d'Afrique subsaharienne qui présentent des niveaux d'urbanisation similaires : le Bénin, le Nigéria et le Sénégal et affichent respectivement des taux de pauvreté de 75,6%, 66,3% et 76,5%.

Les disparités de niveau de vie sont visibles à travers les régions. Alors que la pauvreté s'est élargie et approfondie, et s'est aggravée dans le centre du pays

(Kasaï-Occidental et Kasaï-Oriental), tous ses indicateurs se sont améliorés dans les provinces de l'Est (Sud-Kivu et Nord-Kivu), qu'il s'agisse de la réduction de l'incidence de la pauvreté ou du nombre de personnes vivant en dessous du seuil de pauvreté (figure 1.11).

Le taux de pauvreté a décliné plus rapidement dans les zones rurales que dans les zones urbaines. En 2012, l'incidence de la pauvreté au niveau national a été estimée à 64% : 64,9% dans les zones rurales et 66,8% dans les zones urbaines hors Kinshasa. Entre 2005 et 2012, le taux de pauvreté a reculé de 5,6 points de pourcentage dans les zones rurales, contre 5,1 points dans les zones urbaines à l'exclusion de Kinshasa. À Kinshasa, bien qu'il soit inférieur à la moyenne nationale, il a diminué moins rapidement que dans les zones rurales et les autres zones urbaines (figure 1.12).

Kinshasa s'en sort mieux que le reste du pays. Le niveau de vie des ménages à Kinshasa est meilleur que dans le reste du pays et le taux de pauvreté y est plus faible qu'ailleurs. La richesse – mesurée par l'indice composite de l'Enquête démographique et de santé (EDS) – a progressé partout entre 2007 et 2014 (figure 1.13). Néanmoins, au sein de Kinshasa, la richesse décroît à mesure qu'on s'éloigne de Gombe (figure 1.14).

Figure 1.11 Incidence de la pauvreté par région, 2005 et 2012

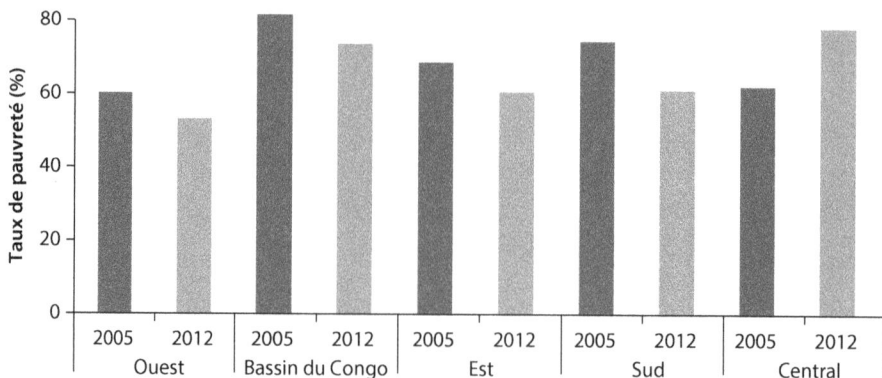

Source : INS 2005, 2012.

Figure 1.12 Incidence de la Pauvreté et évolution du taux de pauvreté

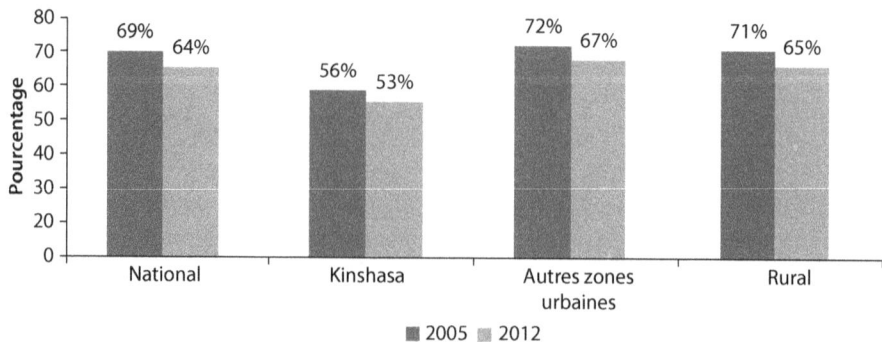

Source: INS 2005, 2012.

Figure 1.13 Richesse médiane à Kinshasa et dans les autres villes

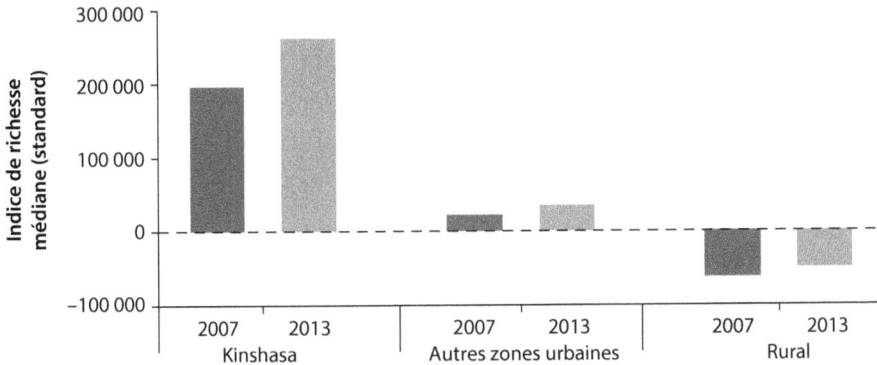

Source : Basée sur l'EDS 2007, 2013–14.
Note : L'indice de richesse de l'EDS est un indicateur composite du niveau de vie, couvrant notamment la possession par les ménages de certains biens comme des téléviseurs et des bicyclettes ; les matériaux utilisés pour la construction de logements ; et les types d'accès à l'eau et aux installations sanitaires. Il est normalisé de sorte que la répartition de la population soit tenue en compte.

Figure 1.14 La richesse diminue à mesure que les ménages s'éloignent du centre-ville de Kinshasa

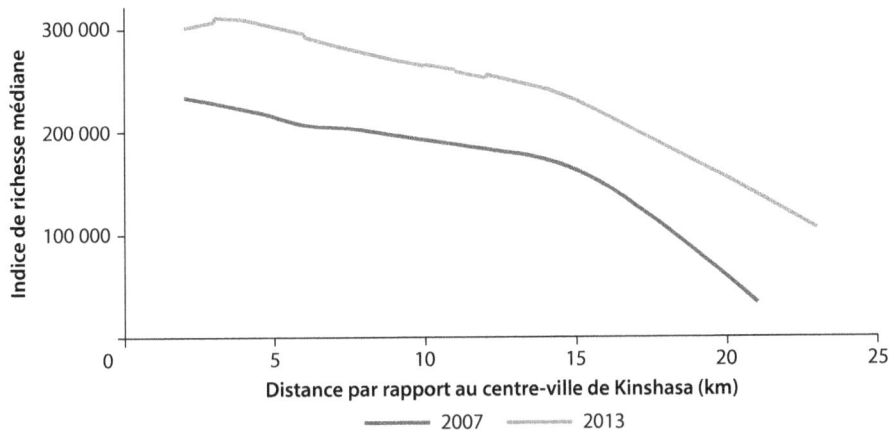

Source : Basée sur l'EDS 2007, 2013–14.
Note : L'indice de richesse de l'EDS est un indicateur composite du niveau de vie, couvrant notamment la possession par les ménages de certains biens comme des téléviseurs et des bicyclettes ; les matériaux utilisés pour la construction de logements ; et les types d'accès à l'eau et aux installations sanitaires. Il est normalisé de sorte que la répartition de la population soit tenue en compte. La courbe de 2013 est basée sur les régressions localement pondérées.

À Kinshasa, les femmes et les jeunes constituent les groupes les plus suscep-tibles d'être au chômage comparés aux hommes. Le taux de chômage est très élevé dans la ville : 77% de la population est sans emploi ou sous-employée (FMI 2013). L'Organisation internationale du Travail (2009) a rapporté que le taux de chômage national est passé à 6% en 2008, contre 5,7% en 2007, et que les femmes et les jeunes sont plus susceptibles de perdre leur emploi ou de subir des pertes de revenus. A l'échelle nationale, seulement 28% des femmes perçoivent un salaire, une proportion qui représente près de la moitié des hommes et qui est nettement inférieure à celle enregistrée en Ouganda (69%), au Burundi (77%) et au Rwanda (79%) (Herderschee et al. 2012).

Notes

1. La plupart des exportations de la République démocratique du Congo constituent des apports à l'économie de la Zambie. Les exportations de la Zambie, à savoir les minerais, les scories et les cendres ne représentent que 4,1% de la valeur de ses importations. La quasi-totalité des importations de la Zambie dans ce secteur (99,5%) proviennent de la République démocratique du Congo, ce qui suppose que ces produits importés de la République démocratique du Congo ne sont pas réexportés.
2. Une installation sanitaire améliorée se dit d'une installation hygiénique qui évite tout contact entre les humains et leurs excréments (Organisation mondiale de la Santé et UNICEF 2015).

Références bibliographiques

Ali, R., A. F. Barra, C. N. Berg, R. Damania, J. D. Nash, and J. Russ. 2015. "Infrastructure in Conflict Prone and Fragile Environments: Evidence from Democratic Republic of Congo." Policy Research Working Paper, World Bank, Washington, DC.

Büscher, K. 2011. "Conflict, State Failure and Urban Transformation in the Eastern Congolese Periphery: The Case of Goma. Dissertation, Ghent University. https://biblio.ugent.be/publication/2092391/file/4335807.pdf.

Collier, P. 2016. *African Urbanisation: An Analytic Policy Guide.* London: International Growth Centre.

Damania, R., A. Alvaro, F. Barra, M. Burnouf, and D. Russ, D. 2016. "Transport, Economic Growth, and Deforestation in the Democratic Republic of Congo: A Spatial Analysis." Working Paper 103695, World Bank, Washington, DC.

De Saint Moulin, L. (2010). "Villes et organisation de l'espace au Congo (RDC)." Cahiers Africains / Afrika Studies No. 77, L'Harmattan, Paris.

DHS (Demographic and Health Survey). 2007. Wealth Index. USAID, Washington, DC.

———. 2013–14. Wealth Index. USAID, Washington, DC. https://www.dhsprogram.com/what-we-do/survey/survey-display-421.cfm

Ghosh, T., R. L. Powell, C. D. Elvidge, K. E. Baugh, P. C. Sutton, and S. Anderson. 2010. "Shedding Light on the Global Distribution of Economic Activity." *Open Geography Journal* 3: 148–61.

Glaeser, E. 2011. *Triumph of the City: How Our Greatest Invention Makes Us Richer, Smarter, Greener, Healthier, and Happier.* London: Macmillan.

Grover, A., and S. Lall. 2015. "Jobs and Land Use Within Cities: A Survey of Theory, Evidence, and Policy." Policy Research Working Paper WPS7453, World Bank, Washington, DC.

Herderschee, J., K.-A. Kaiser, and D. Mukoko Samba. 2012. *Resilience of an African Giant.* Washington, DC: World Bank.

IMF (International Monetary Fund). 2013. "Democratic Republic of Congo Poverty Reduction Strategy Paper." IMF Country Report 13/226, IMF, Washington DC.

International Labour Organization. 2009. "Global Employment Trends," ILO, Geneva.

NIS (National Institute of Statistics). 2005. *123 Survey on Employment, the Informal Sector, and Household Living Conditions.* Kinshasa: Democratic Republic of Congo.

————. 2007. *123 Survey on Employment, the Informal Sector, and Household Living Conditions.* Kinshasa: Democratic Republic of Congo.

————. 2012. *123 Survey on Employment, the Informal Sector, and Household Living Conditions.* Kinshasa: Democratic Republic of Congo.

————. 2014. *123 Survey on Employment, the Informal Sector, and Household Living Conditions.* Kinshasa: Democratic Republic of Congo.

UN Comtrade Database, 2014, https://comtrade.un.org/.

UNCTAD (United Nations Conference on Trade and Development). 2015. "State of Commodity Dependence." United Nations, New York.

UNICEF (United Nations Children's Fund). 2001. Multiple Indicator Cluster Surveys. New York: UNICEF.

————. 2010. Multiple Indicator Cluster Surveys. New York: UNICEF. United Nations. 2011. *World Urbanization Prospects: The 2011 Revision.* New York: United Nations.

————. 2014. *World Urbanization Prospects: The 2014 Revision.* CD-ROM Edition. U.S. Geological Survey. 2015. *Mineral Commodity Summaries 2015.* Reston, VA: U.S. Geological Survey,

World Bank. 2005. *World Development Indicators 2005.* Washington, DC: World Bank.

————. 2006. "Investment Climate Assessment Survey, Democratic Republic of Congo." World Bank, Washington DC.

————. 2009. *World Development Report 2009: Reshaping Economic Geography.* Washington DC: World Bank.

————. 2013. *World Development Indicators 2013.* Washington, DC: World Bank.

————. 2014a. *Diagnostic de l'accessibilité urbaine à Kinshasa et proposition de plan d'action.* Washington, DC: World Bank.

————. 2014b. *World Development Indicators 2013.* Washington, DC: World Bank.

————. 2015. "DRC: Getting the Business Climate Right. A Draft Policy Note for Review." World Bank, Washington, DC.

————. 2016. *Opening Doors to the World. Africa's Urbanization.* Washington, DC: World Bank.

World Business Environment Survey 2010. World Bank, Washington DC.

World Business Environment Survey 2013. World Bank, Washington DC.

World Health Organization and UNICEF. 2015. "Progress on Sanitation and Drinking Water: 2015 Update and MDG Assessment." UNICEF, Geneva.

CHAPITRE 2

Stimuler la concentration économique et faire converger davantage les niveaux de vie

Institutions

La configuration institutionnelle ne permet pas aux villes de remplir correctement leurs mandats fonctionnels

Le cadre institutionnel en République démocratique du Congo implique plusieurs échelons de l'administration, créant ainsi de la confusion dans les responsabilités. Y interviennent, l'État, y compris les sociétés de services publics et d'autres institutions connexes, les provinces, les villes et les communes (figure 2.1). Les relations entre les différentes entités sont définies dans des instruments juridiques, notamment la Constitution de 2006 qui institue le quasi-fédéralisme (bien que l'État conserve sa forme unitaire), conformément à l'Accord de Sun City signé en 2002[1]. Les provinces ne sont plus des autorités décentralisées, mais des entités politiques régionales dotées d'un parlement et d'un gouvernement provincial que l'État n'a pas le pouvoir de révoquer. La Loi organique n° 08-016 du 7 octobre 2008 détermine la composition, l'organisation et le fonctionnement des entités territoriales décentralisées et leurs rapports avec l'État et les provinces.

La gestion des terres ne relève pas de la compétence des villes et des communes, mais des provinces et de l'État. Les provinces en République démocratique du Congo ont la responsabilité exclusive de l'attribution de parcelles et de la politique de logement. Le partage de ces compétences de gestion urbaine avec les communes reste à clarifier. Les législateurs se sont contentés d'ajouter « présentant un intérêt pour la commune » en référence aux pouvoirs dévolus aux villes suivant la loi sur l'urbanisme de 1957, créant ainsi des problèmes pour la mise en place des entités communales décentralisées, via des élections communales.

Figure 2.1 Les principaux acteurs de la gestion urbaine

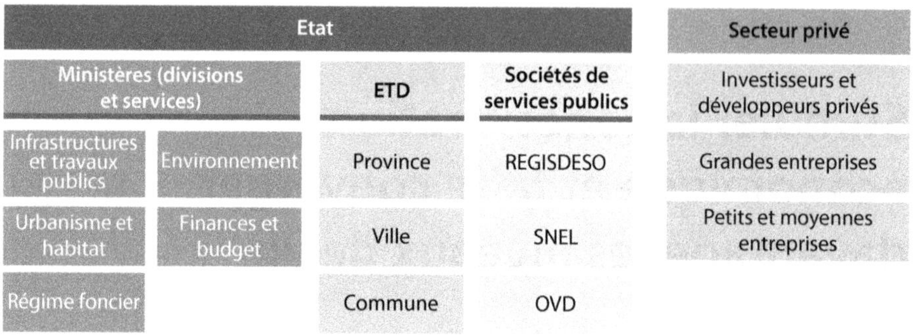

Etat				Secteur privé
Ministères (divisions et services)		**ETD**	**Sociétés de services publics**	**Investisseurs et développeurs privés**
Infrastructures et travaux publics	Environnement	Province	REGISDESO	Grandes entreprises
Urbanisme et habitat	Finances et budget	Ville	SNEL	Petits et moyennes entreprises
Régime foncier		Commune	OVD	

Source : Herderschee et al. 2012.
Note : ETD = Entités Territoriales Décentralisées ; OVD = Office de Voirie et de Drainage ; REGISDESO = Régie de Distribution de l'Eau (Société locale de distribution d'eau) ; SNEL = Société Nationale d'Eau et d'Electricité.

Le manque de planification urbaine en raison de l'obsolescence des instruments et de l'absence de réglementation compliquent la gestion des villes

La planification urbaine à l'échelle nationale est presque inexistante. La loi sur l'urbanisme de 1957 est obsolète, et les seuls schémas directeurs existants datent de plus de 30 ans. Certains plans de référence urbains et plans de développement local ont été élaborés récemment avec le concours des bailleurs de fonds, mais le caractère globalement limité des capacités institutionnelles et techniques de planification conduit à des constructions non planifiées sur des terrains non aménagés, la construction par les propriétaires eux-mêmes étant la norme, ce qui rend la prestation de services par la suite coûteuse et pose des risques de catastrophes naturelles (encadré 2.1). Pour Kinshasa, le Schéma d'Orientation Stratégique de l'Agglomération de Kinshasa (SOSAK) a été produit en 2013, et validé à l'échelle provinciale en 2016.

Il est indispensable de renforcer la planification et la gestion de l'utilisation des terres pour coordonner l'agglomération économique et assurer une certaine qualité de vie

Un processus d'enregistrement très long et coûteux affecte le flux de transactions foncières. L'enregistrement initial d'un terrain en République démocratique du Congo compte trois grandes phases à savoir l'obtention (i) du contrat de location, (ii) du contrat de concession, et (iii) du certificat d'enregistrement. Il existe 27 formalités à remplir pour obtenir un certificat d'enregistrement en zones urbaines et 16 formalités pour une transaction simple. Une demande de certificat d'enregistrement doit suivre la même procédure deux fois pour obtenir un contrat de location et un contrat de concession. Divers frais doivent être acquittés en trois occasions différentes et trois visites de terrain doivent être organisées. Des contrôles sont effectués systématiquement, ce qui nécessite de nombreux allers-retours dans la zone de la division d'enregistrement.

Le requérant doit traverser un véritable parcours d'obstacles dans lequel interviennent de nombreux services administratifs. Une fois cette procédure terminée s'ouvre un nouveau cycle de vente ou de répartition de la parcelle certifiée. Pour raccourcir la procédure, les demandes peuvent être soumises par l'intermédiaire d'un système « initiateur ». Il ressort des entretiens menés dans le cadre de la Revue du secteur foncier en République démocratique du Congo en 2015 que le coût d'un contrat de location s'élèverait à 300 dollars et celui d'un certificat d'enregistrement à plusieurs milliers de dollars – un montant souvent très élevé par rapport à la valeur du terrain (encadré 2.2).

La formalisation des droits fonciers dans une commune de Kinshasa pourrait prendre trois siècles. La commune de Lukunga à Kinshasa délivre chaque année 1 000 concessions perpétuelles, 100 concessions ordinaires, et 200 certificats d'enregistrement. Selon des estimations approximatives, il y aurait un total de 200 000 parcelles, dont 95 000 qui demandent à être certifiées. Si l'objectif est la formalisation complète des droits fonciers au rythme moyen de 300 parcelles certifiées par an, il faudrait 95 ans pour émettre des contrats de concession pour toutes les parcelles du district et 350 ans pour finaliser le processus d'enregistrement de tous les certificats. On peut en dire de même de Mont-Ngafula où on compte en moyenne 930 parcelles certifiées chaque année. Il faudrait un peu plus d'un siècle pour délivrer un certificat d'enregistrement à chacune des parcelles (Banque mondiale 2016a).

Encadré 2.1 Principales caractéristiques du cadre foncier

Tous les terrains sont la propriété de l'État, contrairement à de nombreux pays africains où la loi foncière distingue les terrains de l'État de ceux relevant de la propriété privée. Le système foncier en République démocratique du Congo maintient depuis 1973 l'idée que « la terre est la propriété exclusive, inaliénable et imprescriptible de l'État », y compris les terrains détenus par les populations locales anciennement décrites comme « indigènes ».

La propriété foncière n'est pas reconnue. Les personnes physiques et morales ne peuvent pas détenir de droits de propriété pleins et entiers sur un terrain, mais elles ne sont ne mesure de disposer que du droit d'usage et de jouissance du terrain, à condition qu'elles l'aménagement. Néanmoins, les droits d'usage inscrits dans les concessions foncières sont cessibles et ont une valeur juridique reconnue qui permet d'effectuer des opérations hypothécaires. Les droits de propriété sont reconnus au titre des biens immobiliers.

Les modalités d'administration des terres coutumières restent à formaliser. Le cadre juridique du régime foncier est caractérisé par un vide juridique concernant le sort des droits fonciers détenus par les chefs locaux à titre coutumier.

L'État et les provinces ont des compétences qui se chevauchent concernant les terres. La Constitution de 2006 reconnaît les pouvoirs des provinces, qui peuvent légiférer dans le domaine foncier au moyen d'« édits ». Les compétences exclusives des provinces comprennent la délivrance et l'enregistrement des titres de propriété (Banque mondiale 2016a).

Encadré 2.2 Une formalisation progressive des droits fonciers dans les zones urbaines de la République démocratique du Congo est-elle possible?

Dans les petites et grandes villes, certaines pratiques en matière d'officialisation des droits fonciers ont pris racine, bien qu'elles manquent de fondement juridique, et sont désormais reconnues au niveau de la société et de l'administration publique. Elles ont donné lieu à différents types de « titres », qui ne sont pas légalement reconnus, mais qui sont acceptés par la population et constituent une procédure de fait qui n'est énoncée dans aucun texte juridique.

Les autorités coutumières et les autorités des municipalités et districts locaux jouent un rôle clé dans l'officialisation des droits fonciers urbains. Les chefs coutumiers disposent d'un réel pouvoir pour allouer des terrains urbains, en amont de l'intervention des divisions d'enregistrement et des municipalités, en particulier dans les sites où aucune décision préalable n'avait déjà été prise sur la subdivision en parcelles dans l'optique d'un aménagement. Les chefs de district et les bourgmestres ne prennent aucune mesure jusqu'à ce qu'ils aient la preuve d'un accord préalable passé avec le chef coutumier. Les chefs de district jouent également un rôle essentiel, car ils sont responsables de la délivrance des « cartes de parcelle » et des « certificats d'occupation de terrain », qui officialisent l'occupation du terrain et peuvent parfois être considérés par les utilisateurs comme un « titre de propriété ».

Ces procédures d'officialisation sont mises en œuvre suivant un processus administratif court géré localement, à un coût abordable d'environ 250 dollars par parcelle. La grande majorité des parcelles urbaines sont enregistrées selon cette procédure. Ainsi, une « documentation foncière de fait » a été mise au point, sur la base d'une grande variété de « documents fonciers » délivrés sans aucune base légale par l'administration locale ou les autorités coutumières.

Le prix élevé des terrains et un accès inégal aux droits de propriété faussent le marché foncier

Les prix des terrains sont trop élevés pour la grande majorité des Congolais et représentent une distorsion cruciale dans le marché foncier. Un prix de 4 000 dollars pour une parcelle de 20 mètres carrés à la périphérie de Kinshasa, où 60% de la population vit avec moins de 1,25 dollar par personne par jour, est une des illustrations de ce dysfonctionnement du marché foncier. Une parcelle de superficie similaire peut même coûter 40 000 dollars à un point médian entre l'extrême périphérie et le centre-ville. Bien que ces prix puissent sembler astronomiques pour des parcelles qui restent à aménager, ils résultent de deux distorsions qui empêchent le marché foncier de fonctionner comme dans les pays bénéficiant de l'expansion urbaine : l'inégalité d'accès aux droits de propriété d'une part, et la grande taille des parcelles ainsi qu'une planification insuffisante qui entraînent une expansion rapide des zones urbaines, d'autre part.

Inégalité d'accès aux droits de propriété

Malgré l'existence d'un cadre juridique régissant les droits fonciers, la plupart des terrains sont vendus suivant des procédures coutumières, au détriment des personnes qui n'ont pas les relations qu'il faut, y compris les femmes. La Constitution de 2006 définit le logement décent et la protection contre l'expulsion de son domicile, l'ONU-Habitat (2003) fixe des conditions minimales pour les droits de propriété. Pourtant, le marché foncier est finalement régi par la loi Bakajika de 1967 qui a confié la pleine propriété des droits fonciers à l'État (abolition de la propriété privée) et la loi sur le régime foncier de 1973 qui a officialisé les anciens droits d'usage coutumiers pour la propriété privée au moyen de concessions privées (Crabtree-Condor and Casey 2012). À Kinshasa par exemple, 77% des ménages déclarent être propriétaires de leurs terrains, mais seulement 30% d'entre eux ont des droits reconnus par la loi (USAID 2010).

La terre est l'objet de spéculations de la part des personnes ayant des connexions dans la société. À la périphérie où les villes étendent leur territoire, les prix des terrains sont fixés par les chefs coutumiers en fonction de l'économie politique locale. Les relations sont le mécanisme le plus important, tandis que ceux qui n'ont pas ces connexions paient des prix très élevés par rapport à leur revenu. La valeur associée à des activités économiques est pratiquement dissociée du prix des terrains, ce qui décourage l'investissement dans des activités productives. La spéculation foncière est plus facile et plus rentable. Par ailleurs, les prix faussés des terrains éclairent mal les décisions des familles.

L'accès coutumier aux droits de propriété est en défaveur des femmes qui sont exclues du système de propriété. Le droit coutumier ne permet pas aux femmes d'accéder directement à la terre, les hommes étant par définition, les seuls chefs de ménage à se voir attribuer ces droits. Les femmes peuvent détenir des droits fonciers secondaires que par le biais des membres de sexe masculin de leur famille. Les femmes ne peuvent pas accéder directement à la terre, l'hériter ou l'acheter (Women for Women International 2014). Il s'agit là d'un obstacle majeur pour les femmes en général et en particulier pour les 21,4% des ménages urbains dirigés par une femme.

La grande taille des parcelles et une planification insuffisante entraînent une expansion rapide des zones urbaines

La forme linéaire de villes étend les réseaux et nécessite plus d'efforts pour relier les deux bouts, ce qui rend les villes plus coûteuses. Cela rend les villes plus chères parce que la fourniture de services en réseau tels que l'assainissement, l'eau, l'électricité ou les routes nécessite des investissements plus importants. Dans les pays à faible revenu, cela se traduit par un manque d'accès pour ceux qui vivent hors des zones couvertes du centre-ville. Par conséquent, les prix immobiliers dans les zones desservies montent en flèche. Une autre solution consiste à promouvoir des villes plus compactes avec des parcelles de terrains plus petites et des immeubles de grande hauteur. L'utilisation de moins d'espace pour la même population urbaine permettrait aux villes de fournir plus facilement l'accès à des services à mesure que leur situation financière s'améliore.

En République démocratique du Congo, l'expansion urbaine est graduelle et s'inspire des traditions culturelles, qui peuvent ne pas être en phase avec les besoins immenses de l'urbanisation. La zone de Kinshasa s'est agrandie de 30% au cours de la dernière décennie, selon le Bureau d'études d'aménagement et d'urbanisme (BEAU), et compte maintenant près de 12 millions d'habitants. Si Kinshasa atteint 16,9 millions d'habitants en 10 ans, selon les prévisions, la zone urbaine s'étalera sur 687 kilomètres carrés. Compte tenu de sa structure linéaire actuelle, la ville sera grande, ce qui rendra les zones plus proches du centre-ville plus attrayantes et plus chères.

Kinshasa est la deuxième ville la plus dense en Afrique après Lagos. Elle compte parmi les 150 villes les plus peuplées du monde, pourtant sa superficie est très faible par rapport à sa population (figure 2.2). Cette densité doit être préservée par le renforcement de la capacité des institutions traditionnelles à absorber les vagues à venir de nouveaux citadins.

Sept villes congolaises sont classées parmi les 100 villes les plus denses au monde (figure 2.2). Kananga, avec ses 21 000 habitants au kilomètre carré est la plus dense, suivie de Tshikapa (20 500 habitants/km²) et Kinshasa (19 900 habitants/km²). La densité est élevée par rapport à d'autres villes de taille similaire (Demographia 2014)[2].

La détérioration de la capacité de planification et d'application de la planification rend la fourniture de services plus complexe et entrave la mobilité des transports (photo 2.1). Seules les zones centrales et traditionnelles construites pendant la période coloniale suivent des plans de route, tandis que dans les zones d'expansion, seuls les principaux axes routiers suivent la réglementation en vigueur. Le tout dernier schéma directeur de Kinshasa date de 1976. Et seulement 6,4% de la superficie de la ville fait l'objet de constructions planifiées et d'une bonne viabilisation (Groupe Huit-Arter 2014).

Les rues des quartiers périphériques adoptent des schémas aléatoires, étant donné que la seule planification suivie est celle des squatteurs et de l'allocation coutumière. Les emplacements situés plus près des axes principaux et des infrastructures de transport coûtent plus cher, tandis que les pauvres s'installent dans des quartiers non raccordés au réseau routier et mal desservis ou dans des bidonvilles. En somme, les villes en République démocratique du Congo pourraient bien ne pas avoir toutes les ressources nécessaires pour réussir leur urbanisation.

Pourtant, les prochaines étapes consistent à poser de bonnes bases pour ne pas avoir recours à la reconstruction à l'avenir. Aujourd'hui, nous savons que, quels que soient les mécanismes institutionnels, la préservation d'un système ordonné de terrains et de routes à la base de l'échelle de planification contribuera à rendre le développement urbain durable. Les décideurs ont besoin d'accroître les capacités de planification urbaine et d'application de cette dernière afin d'éviter de

Figure 2.2 La densité démographique des villes de la République démocratique du Congo en comparaison à des villes similaires

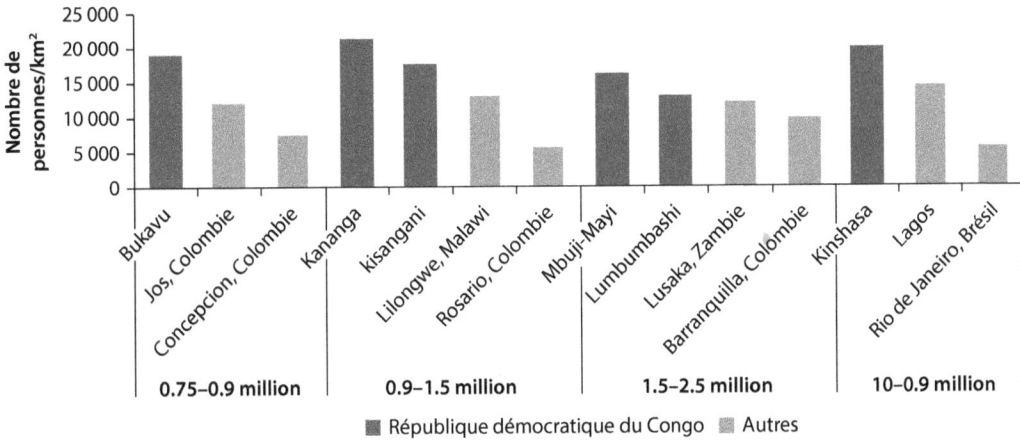

Source : Demographia 2015.
Note : Les chiffres démographiques diffèrent des autres mentionnés dans le texte parce que les sources diffèrent. Les données de Demographia sont utilisées dans cette figure parce qu'elles sont les seules qui fournissent des chiffres sur la densité de la population comparables entre les villes.

générer des coûts d'investissement plus élevés à l'avenir, dans la mesure où l'espace devant être réservé aux biens publics et aux routes est vendu ou occupé par des squatteurs. Les décideurs devraient travailler au sein des institutions existantes appliquant des pratiques coutumières et des cadres juridiques formels qui évoluent.

Si elle reste débridée, la planification urbaine risque d'être défaillante. Si les coûts générés par la densité urbaine sont internalisés par les ménages et les entreprises (y compris les coûts de construction), d'autres coûts (dont ceux de la pollution de l'air et de l'encombrement) et avantages (économies d'agglomération pour les entreprises et multiplication des perspectives d'emploi) ne le sont pas. Il est donc indispensable de prévenir une densité de population déséquilibrée grâce à des politiques coordonnées relatives à l'occupation de l'espace et aux infrastructures, étant donné que les structures physiques d'une ville, une fois mises en place, peuvent durer pendant de nombreuses décennies.

Un marché du logement à deux vitesses

L'un des facteurs qui font qu'il est difficile de tirer parti de l'urbanisation est la fragmentation en deux parties du marché immobilier en République démocratique du Congo : un marché formel coûteux au service d'une petite minorité, et un volume considérable de logements bas de gamme qui tire l'urbanisation vers les bidonvilles.

Photo 2.1 Une des artères d'un marché à Kinshasa, résultat d'une forte densité de population et d'un manque de planification

Source: Dina Ranarifidy / Banque mondiale. Permission requise pour toute reproduction ou publication.

Un marché formel coûteux au service d'une petite minorité

Bien qu'elles soient moins coûteuses que dans d'autres pays d'Afrique centrale et d'Afrique de l'Est, les logements en République du Congo sont peu accessibles pour la grande majorité des habitants. Par rapport au revenu par tête, elles sont presque les plus chères en Afrique subsaharienne. Utilisant deux indicateurs recueillis par le *Centre for Affordable Housing Finance* (CAHF), nous calculons le nombre moyen d'années qu'il faut à un ménage pour acheter une maison nouvellement construite par un promoteur du secteur formel – le ratio prix de la maison/ revenu. La République démocratique du Congo affiche le deuxième nombre d'années le plus élevé après la République centrafricaine (figure 2.3).

Les citadins pauvres en particulier sont exclus du marché formel. Dans l'Enquête 123 (INS 2012), le taux de pauvreté était de 50,8% des ménages dans les zones urbaines, soit environ 2,3 millions de ménages. En utilisant les tranches de revenu rapportées par le CAHF, le revenu annuel moyen des citadins pauvres en 2014 était de 870 dollars et 4 163 dollars pour les non-pauvres des zones urbaines. Le CAHF fixant à 25 000 dollars le prix d'une maison construite par un promoteur du secteur formel, le ménage urbain pauvre moyen aurait besoin de 29 ans pour acheter une maison en dépensant la totalité de son revenu. Le ménage non pauvre moyen quant à lui aurait besoin de six ans.

Seule une poignée de non-pauvres peut s'offrir une maison. Les rendements de l'immobilier varient selon l'utilisation qui en est faite : en 2014 les rendements de l'immobilier industriel étaient de 14% (8 dollars par m² par mois), suivis de

Figure 2.3 Prix du Logement par Niveau de Revenu

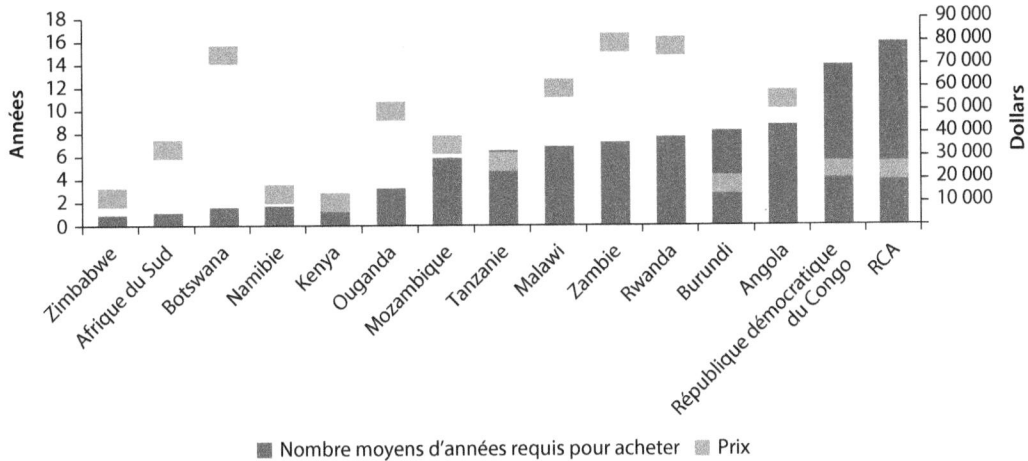

Nombre moyens d'années requis pour acheter   Prix

Source : Calculs des services de la Banque mondiale basés sur les données du CAHF (2015).

ceux de la vente au détail à 12% (40 dollars), des bureaux haut de gamme à 11% (35 dollars), et des bâtiments résidentiels à 9% (8 000 dollars pour une maison de quatre chambres dans une zone privilégiée) (CAHF 2015).

Un volume considérable de logements bas de gamme tire l'urbanisation vers les bidonvilles

La pauvreté en milieu urbain se mesure davantage en termes de conditions de vie qu'en pauvreté monétaire. En République démocratique du Congo, les citadins sont encore pauvres sur le plan monétaire et vivent dans des logements précaires, mais ils sont mieux lotis que lorsqu'ils étaient dans les zones rurales. D'un point de vue monétaire, la migration vers les zones urbaines présente une amélioration modeste de l'incidence de la pauvreté de 2 points de pourcentage. Cela dit, lorsqu'elle est mesurée selon les conditions de vie[3], le gain est de 38 points de pourcentage, non seulement parce que ces personnes bénéficient de meilleures conditions de vie dans les villes (en dépit de la faiblesse des revenus), mais aussi parce que les conditions de vie dans les zones rurales sont tellement mauvaises (figure 2.4).

Ces gains peuvent toutefois ne pas sembler impressionnants au regard de la précarité des conditions de logement dans les zones urbaines (encadré 2.3).

Si le déficit quantitatif de logements a été évalué à 3 millions d'unités en 2014, il reste que près de 22 millions de personnes vivaient dans des taudis urbains en République démocratique du Congo cette année-là (CAHF 2014). Certes, les données indiquent que les personnes sont mieux loties dans les villes, mais leurs conditions de vie sont loin d'être celles promises par la vie en milieu urbain. En 2012, environ 10% des ménages urbains disposaient d'un logement peu convenable, 20% avaient un toit en mauvais état, et 4% avaient des murs construits avec des matériaux inadéquats. Une proportion importante n'avait pas eu accès à des services de base améliorés : seulement 38% avaient accès à une source d'eau potable améliorée, 50% n'avaient pas

Figure 2.4 Pauvreté Mesurée par Taux et en fonction des Conditions de Vie, 2012

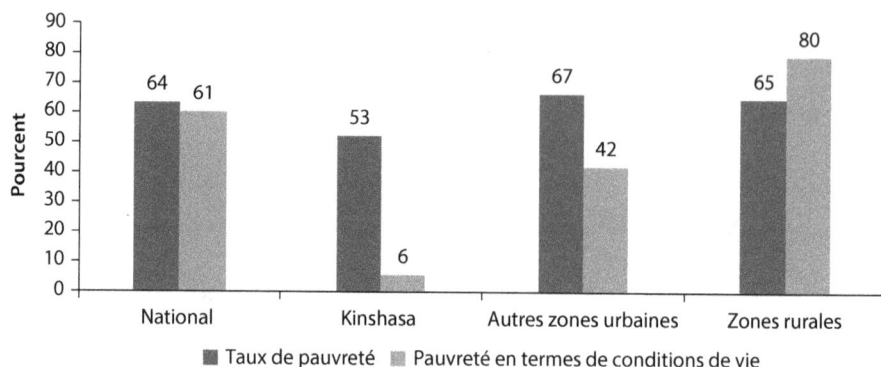

Source : INS, 2012.

Encadré 2.3 Caractéristiques des bidonvilles

Un examen des définitions utilisées par les gouvernements nationaux et locaux, les bureaux de statistique, les institutions impliqués dans les problèmes de bidonvilles, et les perceptions du public ont permis d'établir les caractéristiques suivants pour identifier les bidonvilles.

Faible fourniture en services de base

Un manque de services de base est l'une des caractéristiques les plus fréquemment mention-nées du bidonville dans les définitions à l'échelle mondiale. Un manque d'accès à des installa-tions sanitaires améliorées et à des sources d'eau améliorée est la caractéristique la plus importante, parfois complétée par l'absence de systèmes de collecte de déchets, d'approvi-sionnement en électricité, de routes et sentiers en revêtement, d'éclairage public et de drai-nage des eaux de pluie.

Logement de qualité inférieure ou structures de construction illégales et inadéquates

De nombreuses villes ont des normes de construction qui fixent des exigences minimales pour les bâtiments résidentiels. Les bidonvilles sont associés à un grand nombre de structures de logement non conformes, souvent construites à l'aide de matériaux non permanents qui ne conviennent pas au logement, compte tenu des conditions locales de climat et d'emplace-ment. Les structures peuvent être considérées comme non conformes si elles ont, par exemple, des planchers en terre, des murs de boue et d'acacia, ou des toits de paille. Les règlements municipaux sur l'emplacement et l'espace d'habitation peuvent être également largement violés.

Surpopulation et haute densité

La surpopulation est associée à un faible espace par personne, des taux d'occupation élevés, une cohabitation par différentes familles, et un grand nombre d'unités dotées d'une chambre individuelle. De nombreuses unités d'habitation des bidonvilles sont surchargées, avec cinq personnes ou plus partageant une unité d'une pièce utilisée pour cuisiner, dormir, et servir

Suite de l'encadré à la page suivante

Encadré 2.3 Caractéristiques des bidonvilles *(suite)*

d'espace de vie. À Bangkok, par exemple, la définition d'un bidonville précise l'existence d'au moins 15 logements par rai (1 600 mètres carrés).

Conditions de vie malsaines et lieux dangereux

Les conditions de vie malsaines résultent d'un manque de services de base, avec des égouts visibles et à ciel ouvert, d'un manque de voies de circulation, d'un déversement incontrôlé de déchets et d'environnements pollués. Les maisons peuvent être construites dans des zones dangereuses ou sur des terrains impropres à la construction, tels que des zones inondables, à proximité d'installations industrielles ayant des émissions toxiques ou des sites d'élimination des déchets, et dans des zones sujettes aux glissements de terrain. Le plan des installations peut être dangereux en raison d'un manque d'accès et une densité élevée de structures délabrées.

Insécurité foncière; Installations irrégulières ou informelles

Un certain nombre de définitions considèrent l'absence de sécurité foncière comme la caractéristique principale des bidonvilles et estiment que l'absence de tout document officiel autorisant l'occupant à occuper un terrain ou une structure comme étant une preuve à première vue, de l'illégalité et de l'occupation de bidonvilles. Les installations informelles ou non planifiées sont souvent considérées comme synonymes de bidonvilles. De nombreuses définitions soulignent à la fois l'informalité de l'occupation et le non-respect des règlements avec les plans d'occupation des sols. Les installations construites sur des terres réservées à des fins non résidentielles ou envahissant des zones non urbaines, peuvent être considérées comme étant non conformes.

Pauvreté et exclusion sociale

La pauvreté liée au revenu ou à la capacité est considérée, à quelques exceptions près, comme une caractéristique principale des zones de bidonvilles. Ce n'est pas considéré comme étant une caractéristique inhérente aux bidonvilles, mais comme une cause (et, dans une large mesure, une conséquence) des conditions de ces habitations précaires. Les conditions des bidonvilles sont des manifestations physiques de lois entravant le développement humain et social. De plus, les bidonvilles sont des zones d'exclusion sociale qui sont souvent perçus comme ayant des niveaux élevés de criminalité et d'autres mesures de déliquescence sociale. Dans certaines définitions, de telles zones sont associées à certains groupes de populations vulnérables, tels que les immigrants récents, les personnes déplacées à l'intérieur d'un pays ou les minorités ethniques.

Dimension minimum des installations

De nombreuses définitions nécessitent également une dimension minimum des installations pour qu'une zone soit considérée comme étant un bidonville, de sorte que ce dernier constitue un quartier distinct et non pas une seule habitation. Par exemples, la définition municipale du bidonville de Kolkata, qui exige un minimum de 700 mètres carrés occupés par des huttes, ou la définition du recensement indien, qui requiert au moins 300 personnes ou 60 ménages vivant dans un regroupement d'installations.

Source : ONU-Habitat 2003.

de toilettes ou utilisaient des toilettes publiques, et seulement 63% utilisaient des sources d'énergie pour l'éclairage (INS 2012). La proportion de la population vivant dans des bidonvilles est passée de 76% en 2005 à 62%, selon les dernières estimations de l'ONU-Habitat (2009).

Distorsions sur le marché financier et dans la chaîne d'approvisionnement du secteur de la construction

Un marché financier défaillant. Les promoteurs ne s'appuient pas sur le marché des capitaux pour obtenir des financements, mais ils fournissent des financements aux acheteurs pour des règlements par tranche, ce qui rend le logement plus cher. En général, le financement d'un logement consiste à régler un acompte de 50% et 24 versements mensuels au taux d'intérêt annuel de 16% (CAHF 2015). Le problème remonte aux défaillances du système bancaire, qui affiche une très faible rentabilité en raison des coûts d'exploitation et de change élevés, et accorde peu de crédits – seulement 2% des Congolais ont bénéficié d'un quelconque type de prêt formel. Les marges d'intermédiation sont pratiquement inexistantes, et les banques vivent des frais. Ainsi, les prêts pour les maisons neuves ou pour la construction sont minimes, atteignant moins de 0,5% des 40% ayant les plus faibles revenus et 2,5% des 60% ayant les revenus les plus élevés (CAHF 2015). La plupart des pays d'Afrique offrent des prêts hypothécaires à des taux supérieurs à 10%, et pour une durée inférieure à 20 ans, ce qui indique des problèmes macroéconomiques très réels qui compliquent l'accessibilité du logement.

La chaîne d'approvisionnement est également en proie à des distorsions. Le ciment, par exemple, est le plus cher de la région, même si d'autres pays comme le Burundi ou le Zimbabwe affichent aussi des coûts de transport élevés (figure 2.5). Les déficits de production semblent être la cause du niveau élevé des prix.

Figure 2.5 Prix d'un Sac de Ciment de 50kg, 2015

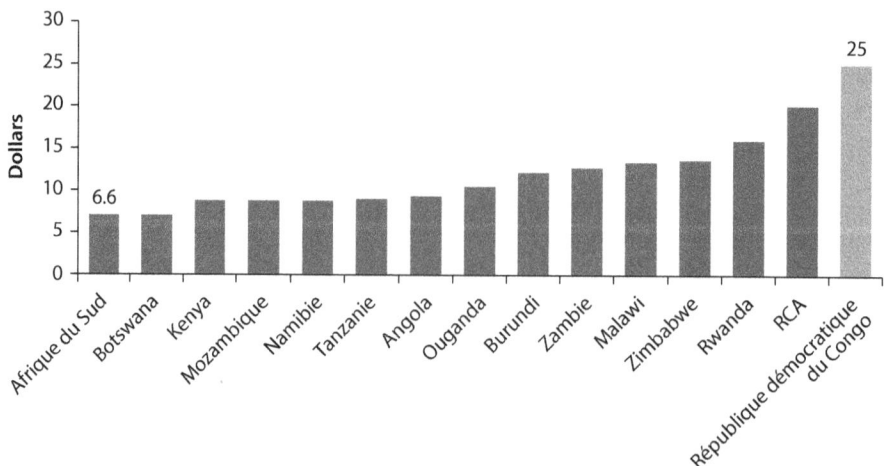

Source : CAHF, 2015.

Infrastructures de liaison

La connectivité à trois niveaux – entre zones rurales et zones urbaines ; entre les régions et entre le pays et le monde – favorise les économies d'agglomération

Des types de villes différents ont des fonctions qui varient dans le système des villes, et les infrastructures de liaison requises varient selon ces fonctions. Les petites et très petites villes servent habituellement de marchés locaux de produits ruraux, générant les économies d'échelle internes nécessaires pour donner sa pleine mesure au potentiel agricole de leurs régions. Les villes moyennes sont des centres de spécialisation et sont essentielles à la connectivité régionale. Les grandes villes (métropoles) sont des pôles de diversité, générant des économies d'urbanisation pour l'innovation, l'augmentation des rendements d'échelle et le relèvement de la compétitivité mondiale. La connectivité à trois niveaux – entre zones rurales et zones urbaines, entre les régions et entre le pays et le monde – favorise les économies d'agglomération dans ces trois types de villes.

La République démocratique du Congo manque d'infrastructures pouvant permettre aux villes de donner pleine mesure à leur potentiel

Le réseau routier de la République démocratique du Congo est déficient, même si on pouvait s'y attendre au regard de la superficie immense du pays (onzième plus grand pays au monde en termes de superficie) et la faiblesse des revenus (cartes 2.1 et 2.2). La densité des routes bitumées (seulement 1 km pour 1 000 km carrés de territoire) est 16 fois inférieure à celle du pays à faible revenu moyen, et la densité des routes non bitumées est presque cinq fois plus faible (tableau 2.1).

Carte 2.1 Infrastructures de transport en République démocratique du Congo

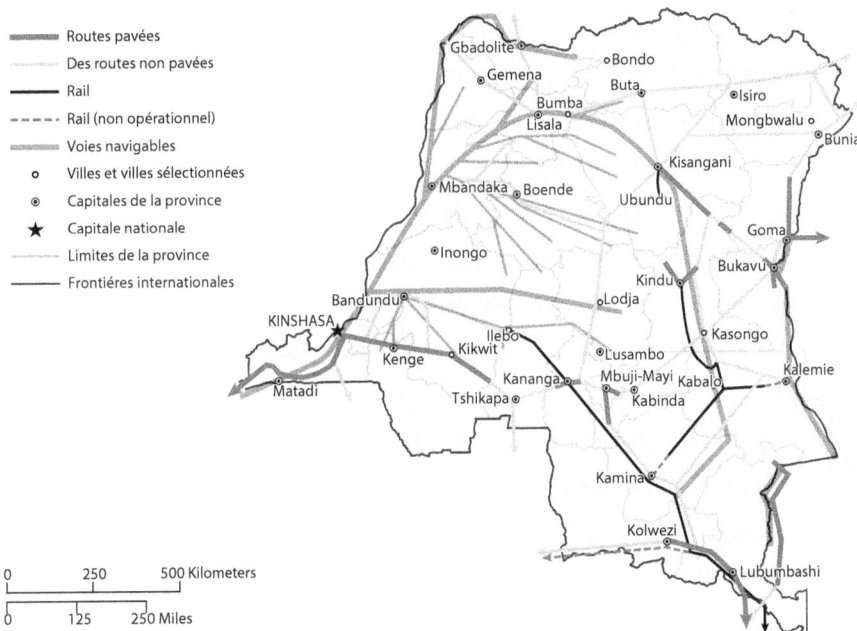

Source: Banque mondiale, fondé sur les données des Nations unies.

La circulation est également plus faible que dans les autres pays à faible revenu, ce qui témoigne d'une faible demande de services de transport.

Les opportunités économiques se perdent en raison de la mauvaise connectivité entre zones rurales et zones urbaines

L'amélioration des liaisons entre les zones rurales et les zones urbaines peut redynamiser les marchés locaux. Damania et al. (2016) ont mis au point un modèle géospatial permettant de simuler la façon dont les personnes et les produits circulent en République démocratique du Congo, en tenant compte des coûts de déplacement par voies routières et par voies navigables[4]. Ils ont estimé qu'une réduction de 10% des coûts de transport peut faire augmenter le PIB local de 0,46%.

La connectivité entre les villes est insuffisante et les coûts de transport sont élevés

Les liaisons entre les villes permettent aux entreprises d'accéder à des marchés plus importants pour se procurer des intrants et écouler leurs produits. Elles multiplient en outre les options pour les consommateurs, relèvent la diversité des produits et, parfois, réduisent les prix (Banque mondiale 2013). Les coûts de transport routier au Nigéria ne représentent que la moitié de ceux en République démocratique du Congo, selon le modèle géo-spatial développé par Damania

Carte 2.2 Infrastructures de transport en République démocratique du Congo en comparaison avec le reste du continent, 2010

Source : Jedwab and Storeygard, 2016.

Tableau 2.1 Infrastructure Routière dans les Pays à Faible Revenu et en République démocratique du Congo

Indicateur	Unités	Moyenne des pays à faible revenu	Rép. Dem. du Congo
Densité de routes bitumées	Km/1 000 km² de territoire	16	1
Densité de routes non bitumées	Km/1 000 km² de territoire	68	14
Circulation sur les routes bitumées	Circulation journalière moyenne	1 028	257
Circulation sur les routes non bitumées	Circulation journalière moyenne	55	20
Qualité perçue des transports	% d'entreprises indiquant que c'est un obstacle majeur à leurs activités	23	30

Source : Foster et Benitez 2010; Damania et al. 2016.

et al, à 0,057 dollar la tonne/km au Nigéria et 0,12 dollar la tonne/km en République démocratique du Congo, sur une route principale plate dans un état passable. En République démocratique du Congo, les coûts de transport par kilomètre de route reliant les 11 capitales provinciales entre elles sont plus faibles à l'Ouest (Matadi et Kinshasa) et à l'Est (Goma et Bukavu) (Figure 2.6).

Il faudrait d'importants investissements pour relier toutes les capitales provinciales par voie routière. Seules quatre capitales provinciales peuvent être ralliées par la route partant de Kinshasa, et le transport fluvial est largement sous-utilisé. Le réseau prévu pour relier par la route les 11 capitales provinciales est long de 6 500 kilomètres. Seulement 20% du réseau est revêtu, et sur cette proportion, 75% sont en mauvais état. La réhabilitation de la route, son extension et son entretien au cours des 20 prochaines années nécessiteront des dépenses annuelles moyennes équivalant à 0,6% du PIB, dont près de la moitié sera destinée à l'entretien[5]. Pour avoir une meilleure idée de ce que cela représente, ces investissements absorberaient chaque année 46% des investissements de la République démocratique du Congo en 2008-2009[6]. Ils viendraient s'ajouter aux autres infrastructures telles que les routes rurales, l'électricité et les télécommunications.

Figure 2.6 Coûts de Transport par Tonne et par Km de route

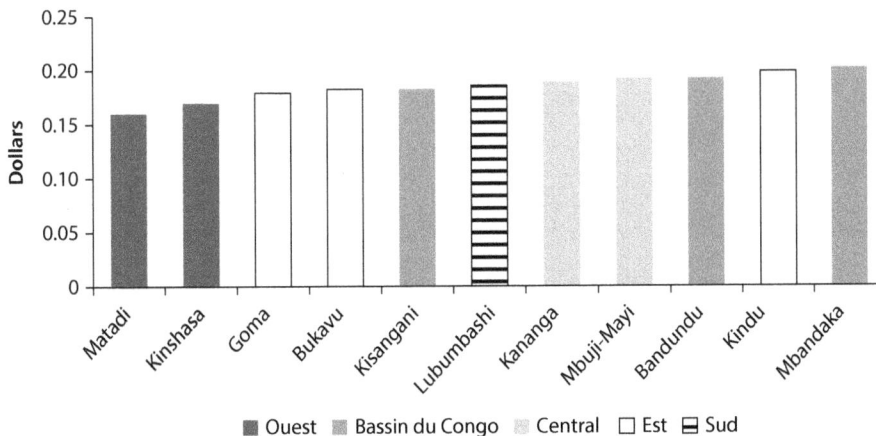

Source : Basé sur Damania et al, 2015.

Un budget réduit retardera les investissements. L'établissement de l'ordre de priorité des phases des investissements routiers devrait prendre en compte l'arbitrage à faire entre l'investissement pour l'efficacité ou pour l'équité. Les ressources pourraient être allouées sur la base de l'efficacité, afin de maximiser le revenu national. Dans ce cas, les routes présentant un taux de retour sur investissement plus élevé recevraient davantage de ressources. Autrement, les investissements pourraient viser à relier les zones à la traîne, indépendamment de leur efficacité, pour améliorer l'équité.

Au niveau des villes, le manque d'infrastructures aggrave le faible niveau de vie et la fragmentation des marchés du travail

L'urbanisation devrait, en principe, bénéficier aux gens et aux entreprises sous l'effet d'une densité économique accrue. Une personne qui travaille dans une zone économiquement dense peut se rendre plus facilement au travail et consommer des produits plus diversifiés. Les entreprises regroupées dans des villes devraient pouvoir accéder à un marché plus large d'intrants et d'acheteurs – et les économies d'échelle devraient permettre de réduire les coûts de production des entreprises, et bénéficier par ricochet aux consommateurs. La prestation de services de réseau essentiels, comme l'eau et l'assainissement, et la fourniture de moyens de transport peuvent également tirer parti des économies d'échelle. En fait, la densité de la population est généralement et fortement corrélée aux indicateurs d'habitabilité – une tendance qui se vérifie en Afrique comme ailleurs (Gollin, Kirchberger et Lagakos 2015).

A l'échelle d'une ville, la fourniture globale des infrastructures est faible, ce qui limite les avantages de l'urbanisation. Les villes de la République démocratique du Congo sont peu pourvues en infrastructures permettant aux populations de se rendre à leur travail et de mener une vie saine, et aux entreprises d'accéder aux intrants, aux clients et à des sources fiables d'eau et d'électricité.

Figure 2.7 Intensité moyenne de l'éclairage nocturne dans des villes données

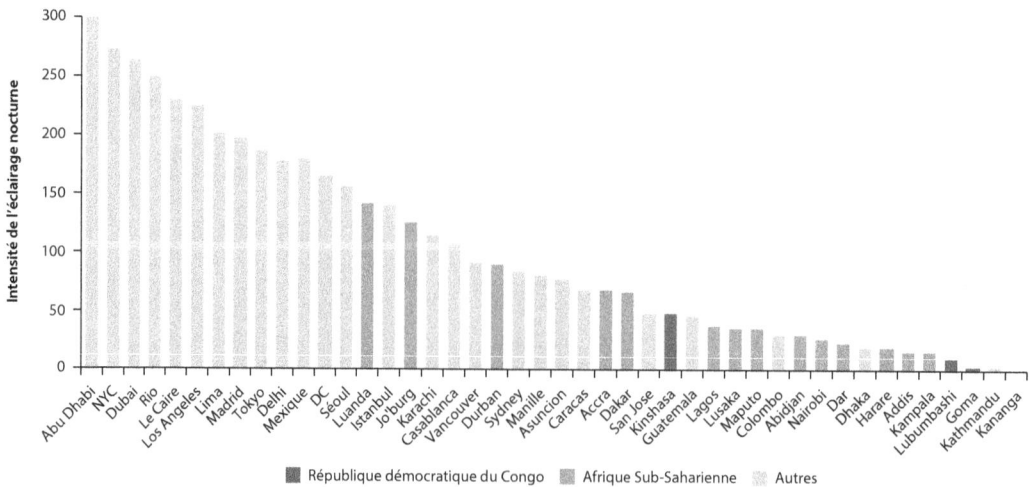

Source : Banque mondiale (2016), utilisant l'outil Visible Infrared Imaging Radiometer Suite.
Note : Un rayon de moins de 25 km du centre-ville est retenu pour toutes les villes.

Utilisant l'intensité de l'éclairage nocturne comme indicateur de l'activité économique et du niveau des infrastructures, la figure 2.7 compare la densité économique dans un rayon de 25 kilomètres du centre-ville, et montre que les villes de la République démocratique du Congo ont une intensité de l'éclairage nocturne toujours plus faible que d'autres villes, pays en développement et pays développés confondus.

Le manque d'infrastructures dans les villes en République démocratique du Congo affaiblit encore davantage le niveau de vie. Selon les Nations Unies, 74,8% de la population urbaine du pays vit dans des bidonvilles, soit 15 points de pourcentage de plus que la moyenne en Afrique subsaharienne (figure 2.8)[7]. Le logement, les infrastructures de base et d'autres investissements en capital font défaut dans ces bidonvilles. Le déficit national de logement est établi à 240 000 maisons par an (CAHF 2015).

À Kinshasa, les insuffisances des infrastructures et les coûts de transport élevés entraînent une fragmentation du marché du travail

Une ville est plus productive lorsque les travailleurs peuvent accéder à une proportion élevée d'emplois. L'accessibilité, mesurée par le nombre de possibilités d'emplois auxquelles un individu peut accéder dans un laps de temps donné, a son importance dans la productivité dans les villes (Prud'homme et Lee 1999; Cervero 2001; Melo et al. 2013). Les villes contribuent à améliorer la qualité de l'adéquation entre les emplois et les travailleurs, de sorte que les employeurs trouvent des candidats qui répondent à leurs besoins, et que les demandeurs d'emploi trouvent un emploi en adéquation avec leurs compétences

Figure 2.8 Pourcentage de la Population Urbaine Vivant dans les Bidonvilles en Afrique Subsaharienne

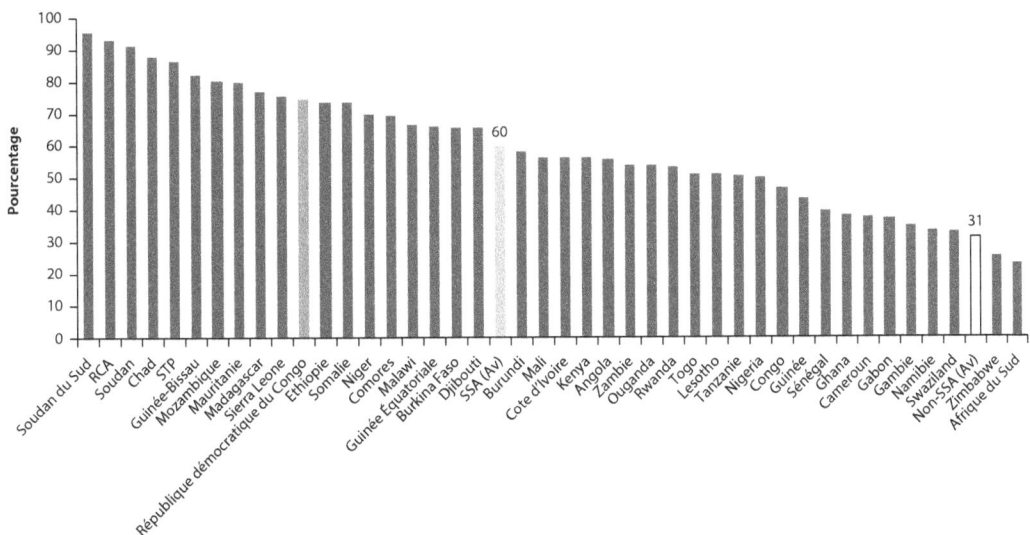

Source : Indicateurs des OMD, Nations Unies, http://mdgs.un.org/unsd/mdg/seriesdetail.aspx?srid=710.

et leurs aspirations. En outre, plus vaste est le bassin de demandeurs d'emplois et d'offres d'emplois à portée de main, plus nombreuses sont les chances de trouver un emploi ou un candidat adéquats, ce qui réduit les coûts de la recherche pour les entreprises comme pour les travailleurs (Duranton et Puga 2004). Lorsque les travailleurs ne peuvent pas se rendre vers un bon nombre d'emplois qu'offre une ville, le marché du travail se fragmente, ce qui amène à se contenter des offres de main-d'œuvre locales et bride la productivité.

Les perspectives d'accès à l'emploi des Kinois sont limitées. Des enquêtes récentes estiment, pour l'ensemble de l'agglomération de Kinshasa, à environ 750.000 le nombre de déplacements à la pointe du matin en transport public, et à 250.000 le nombre déplacements en voiture particulière. Le taux de mobilité serait de l'ordre de 1.6 déplacement/habitant/jour, situant la ville dans la moyenne inférieure des villes africaines (Transurb et al, 2014). Pour que les villes soient des marchés de travail intégrés et rapprochent efficacement les demandeurs et les pourvoyeurs d'emplois, elles doivent favoriser l'accessibilité de l'emploi. À Kinshasa, 80% des déplacements se font à pied, ce qui réduit significativement les distances pouvant être parcourues pour se rendre au travail et, par conséquent, l'accès aux possibilités d'emploi. Le nombre de déplacements par habitant et par jour est de 1,6, un taux faible par rapport à celui d'autres villes africaines, à l'instar de Nairobi avec ses 2,2 déplacements par habitant.

La vitesse moyenne des déplacements quotidiens est également faible. Une étude menée en 2014 sur le plan de mobilité à Kinshasa indique que la vitesse moyenne entre les municipalités de Kinshasa est de 14 km/h (figure 2.9). Par ailleurs, Kinshasa présente une densité de routes revêtues inférieure à celle d'autres villes de l'Afrique subsaharienne (Figure 2.10). Alors qu'Addis-Abeba et Dar es-Salaam comptent plus de 120 mètres de routes bitumées pour 1 000 habitants, Kinshasa ne compte que 54 mètres linéaires (contre en moyenne 318 mètres linéaires en Afrique subsaharienne et 1 000 mètres linéaires dans les autres pays en développement).

Les plus pauvres à Kinshasa sont les plus touchés par les coûts relativement élevés des transports. Le quintile le plus pauvre de Kinshasa consacrerait 31% de son budget aux frais de déplacement, contre 10% pour les Kinois moyens, figurant parmi les plus élevés en Afrique subsaharienne (figure 2.11).

Figure 2.9 Vitesse Moyenne des Déplacements Quotidiens entre les Municipalités à Kinshasa

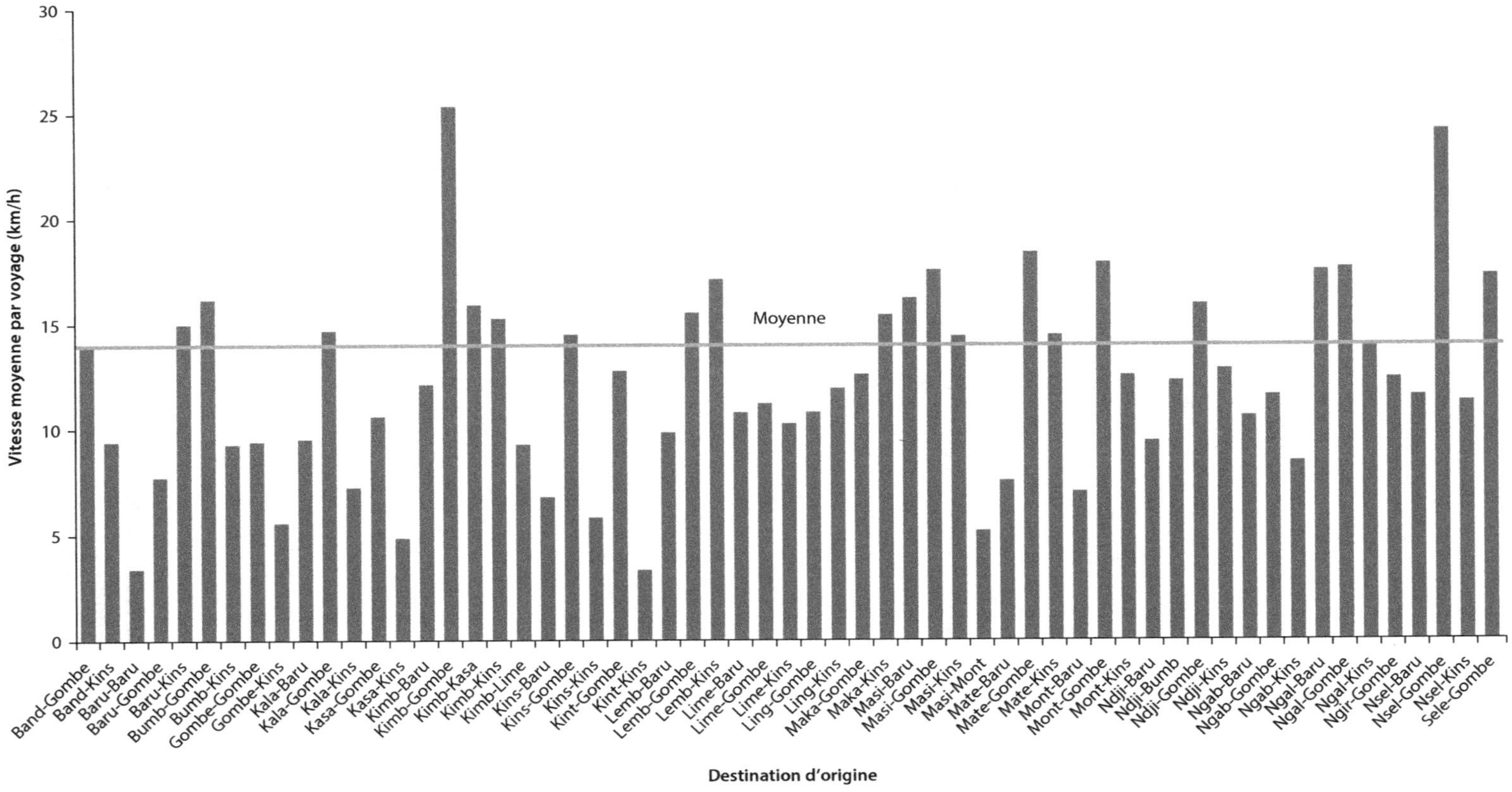

Vitesse moyenne par voyage (km/h)
0
5
10
15
20
25
30
Moyenne
Band-Gombe
Band-Kins
Baru-Baru
Baru-Gombe
Baru-Kins
Bumb-Gombe
Bumb-Kins
Gombe-Gombe
Gombe-Kins
Kala-Baru
Kala-Gombe
Kala-Kins
Kasa-Gombe
Kasa-Kins
Kimb-Baru
Kimb-Gombe
Kimb-Kasa
Kimb-Kins
Kimb-Lime
Kins-Baru
Kins-Gombe
Kins-Kins
Kint-Gombe
Kint-Kins
Lemb-Baru
Lemb-Gombe
Lemb-Kins
Lime-Baru
Lime-Gombe
Lime-Kins
Ling-Gombe
Ling-Kins
Maka-Gombe
Maka-Kins
Masi-Baru
Masi-Gombe
Masi-Kins
Masi-Mont
Mate-Baru
Mate-Gombe
Mate-Kins
Mont-Baru
Mont-Gombe
Mont-Kins
Ndji-Baru
Ndji-Bumb
Ndji-Gombe
Ndji-Kins
Ngab-Baru
Ngab-Gombe
Ngab-Kins
Ngal-Baru
Ngal-Gombe
Ngal-Kins
Ngir-Gombe
Nsel-Baru
Nsel-Gombe
Nsel-Kins
Sele-Gombe
Destination d'origine

Source : Transurb, et al 2014.

Figure 2.10 Densité des routes revêtues à Kinshasa et dans le reste du monde

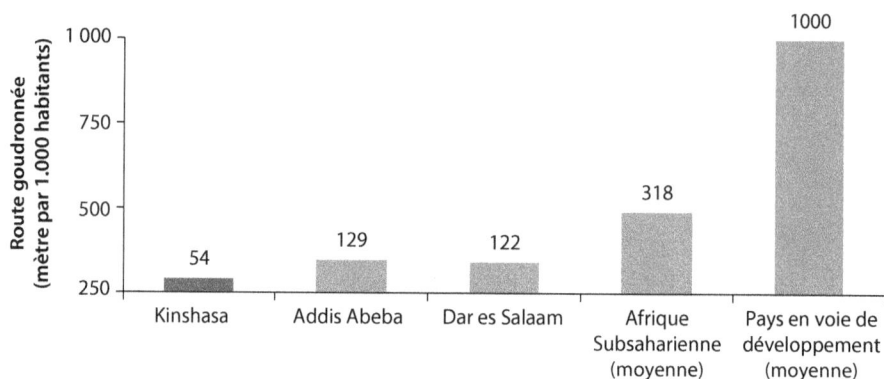

Source : Banque mondiale avec des données du BEAU.
Note : La population de Kinshasa est celle indiquée par LandScan dans la zone que le BEAU a identifiée comme étant le contour de Kinshasa en 2015.

Figure 2.11 Part du Budget Consacrée par les Ménages à Deux Déplacements Quotidiens en Transport Public

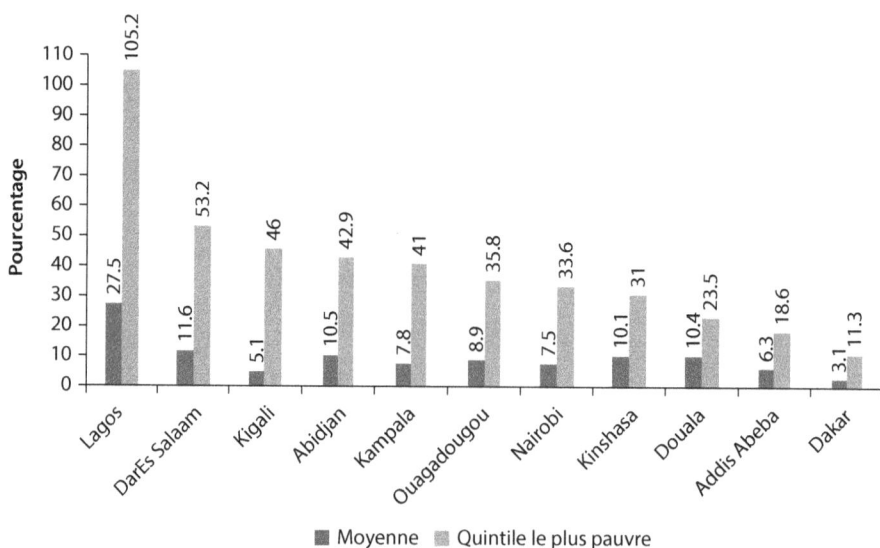

Source : Kumar et Barrett 2008.
Note : Pour obtenir des indicateurs comparables de l'accès aux transports, un indice d'accessibilité normalisé est estimé sur la base de 60 déplacements en transports publics, qui représentent le niveau minimum de mobilité nécessaire pour permettre à un membre de la famille de faire la navette entre la maison et le lieu de travail pendant un mois. Les indicateurs de budget se fondent sur des données d'enquêtes auprès des ménages.

Les villes n'ont pas les moyens d'investir comme il se doit dans les infrastructures urbaines

En République démocratique du Congo, le système de financement des entités territoriales décentralisées repose essentiellement sur la péréquation nationale des ressources collectées localement. Ces « rétrocessions » partent de l'État vers les provinces, puis des provinces vers les villes, les communes et les territoires. La part des ressources rétrocédées par l'État a augmenté avec la reconnaissance du principe de la libre administration des provinces, passant de 15% des ressources totales en 2007 à 40% en 2008. Sur ces 40%, 62,5% devaient aller aux provinces et 37,5% aux villes, aux communes et aux territoires. L'investissement par habitant reste cependant minime.

De plus, le cadre institutionnel gagnerait à être mieux défini. Les responsabilités se chevauchent et ne sont parfois pas bien définies. Une étude de la Banque mondiale (2014) sur les transports à Kinshasa met en évidence trois contraintes majeures :

- Les responsabilités en matière de planification des transports urbains, de mise en œuvre du programme, et d'entretien des routes ne sont pas clairement réparties entre le ministère des Transports et de la Communication, le ministère des Travaux publics, et le gouvernement de Kinshasa. Le rôle de la police n'est pas non plus clairement défini.
- La ville manque d'une stratégie générale pour améliorer l'accessibilité et la mobilité. La toute dernière étude disponible a été peu médiatisée par les autorités.
- La Commission nationale de la prévention routière (CNPR) assume des fonctions qui dépassent sa compétence. Sa fonction principale est d'élaborer des directives et de coordonner les actions pour assurer la sécurité routière, mais elle va souvent jusqu'à superviser les travaux, confirmer les plans et gérer le réseau routier.

Divisions existantes qui nécessitent des interventions ciblées

Les guerres civiles en République démocratique du Congo ont perturbé l'urbanisation dans l'Est du pays

Les deux guerres civiles, de 1996 à 1997 et de 1998 à 2003, ont apporté davantage de destruction et de perturbations, directement et indirectement, et ont impacté le processus d'urbanisation. Elles ont principalement touché la région de l'Est, de Bunia à Uvira. Les villes ont aussi été indirectement touchées par l'exode rural et par la dégradation des infrastructures. Les deux guerres ont conduit à une plus grande pauvreté, et au recul de l'accès aux services.

Goma, en particulier, a été le centre des mouvements de population. Cette ville de près de 80 000 personnes (recensement de 1984) a été témoin de mouvements énormes de populations et d'une forte croissance démographique dans les années de violence et d'insécurité (Büscher 2011). Les migrations internes ont débuté avec l'afflux de 1 million de réfugiés répartis entre Goma et Uvira après le génocide rwandais en 1994, et l'arrivée de nombreux travailleurs humanitaires, ce qui a été exacerbé davantage avec l'éruption du volcan de Goma en 2002, et les inondations que connaît chaque année la ville de Kisangani. Les migrations vers l'extérieur ont fait suite à des événements violents majeurs tels que l'opération « recherche et destruction » (Prunier 2009) qui a marqué le début de la première guerre congolaise en 1996, la bataille de Goma en 2008 (forçant 200 000 personnes à fuir), et la sortie de dizaines de milliers de personnes du pays en 2012, lorsque le Mouvement du 23 mars a pris la ville de Goma.

Les migrations massives de population à Goma ont aggravé la pauvreté urbaine et accru la pression exercée sur les infrastructures et entretenu une économie urbaine informelle de survie. Parmi les exemples de l'impact des guerres, on citera la manufacture, une activité essentiellement urbaine. En 1980, ce secteur représentait 14% du PIB. Dans les années 1980, il a été freiné par le manque de devises pour financer l'importation d'intrants, une baisse du pouvoir d'achat et des pannes d'électricité chroniques. Après 1993, le secteur a commencé à se redresser lentement, pour s'effondrer à nouveau lorsque la première guerre a éclaté en 1996. En 1999, le secteur manufacturier a contribué environ à 4% du PIB (Murison 2002). À Kisangani, qui a été partiellement détruite par une série de batailles en 1997, 1999 et 2000, les infrastructures publiques restantes datent de l'époque coloniale (Yuma Kalulu 2011).

Les conflits et les déplacements de populations ont exacerbé les inégalités sociales et la pauvreté. Les conflits ont un effet néfaste sur la richesse des ménages, mais les zones les plus pauvres constituent également des centres de recrutement de rebelles par excellence. Les conflits impactent négativement la sécurité et les réseaux routiers, ce qui affecte les résultats sur les plans scolaire, nutritionnel et sanitaire (Blattman et Miguel 2010). En 2007, les ménages congolais qui se trouvaient à proximité des zones de conflit intense avaient des niveaux de vie inférieurs (logement, biens, accès aux services) au reste du pays. Ils étaient également plus susceptibles d'être pauvres sur le plan de la santé (pour des aspects tels que la mortalité infantile et nutrition), de l'éducation (taux de présence et niveau scolaire), et des conditions de vie (y compris l'accès à l'électricité, l'assainissement amélioré, l'eau potable, le type de combustible utilisé pour la cuisson, le type de plancher, et la propriété des biens). Le PIB local était également plus faible que dans le reste du pays lorsque le conflit était plus intense (Ali et al. 2015).

Une planification insuffisante et le manque de logements abordables ont entraîné la formation de bidonvilles à Kinshasa

Des décennies de manque de planification urbaine sont responsables de la prolifération des bidonvilles. À l'origine, le cœur de Kinshasa avait été construit pour la population coloniale. Il s'est agrandi pour compter 400 000 habitants dans les années 1960. Aucun développement urbain planifié n'avait été mis en place pour absorber les personnes supplémentaires, mais Kinshasa s'est agrandie d'un peu moins de 10 millions d'habitants et devrait en compter 20 millions d'ici 2030 (photo 2.2).

Les conditions de conflit et d'après-conflit en Afrique centrale ont engendré, et continue à provoquer, l'exode rural. Peu de nouveaux arrivants dans les villes peuvent accéder aux marchés formels de la terre et du logement. Les promoteurs privés fonctionnent de manière non réglementée et s'occupent principalement

Photo 2.2 Quartier précaire dans la commune de Masina, à Kinshasa

Source: Dina Ranarifidy / Banque mondiale. Permission requise pour toute reproduction ou publication.

des couches aisées, laissant aux autres l'informalité comme seule option pour accéder à des terrains et à des logements, ce qui favorise davantage l'expansion tentaculaire des villes.

L'expansion de Kinshasa se fait au détriment des conditions de vie. Entre 2004 et 2015, la superficie de la ville a augmenté, passant de 363 à 472 km² (carte 2.3). L'essentiel de cette expansion a suivi le boulevard Lumumba menant à l'aéroport et à l'Est de la ville, loin du centre-ville, dans des quartiers comme Cogelo, Tchad, Mandela, Département et Plateau. Auparavant, de 1995 à 2005, 30% de l'expansion urbaine intervenait le long de zones sujettes à l'érosion (pentes) et 50% à plus de 1 km de l'axe principal de transport, dans des zones non constructibles (Group Huit et Arter 2014).

L'incapacité à mettre en œuvre des procédures de développement foncier et de délivrance de titres a poussé les plus pauvres à s'installer dans les zones sujettes aux inondations et à l'érosion ou dans les banlieues non desservies de la ville, augmentant leur vulnérabilité aux risques liés au climat. Les modes de peuplement aléatoires et inadéquats créent des difficultés à fournir des services de base dans les quartiers les plus denses. L'insécurité foncière et les risques naturels ont conduit à une situation de logement précaire et ont découragé les gens à investir dans leur logement.

De plus, la morphologie de Kinshasa aggrave les conditions de vie de ses résidents les plus pauvres. La ville est caractérisée par deux types de topographie distincts, qui ont une influence considérable sur l'exposition aux risques naturels. De nombreuses zones de la ville sont entourées de collines, entraînant des précipitations rapides et des ruissellements vers les plaines basses bordant le fleuve

Congo, qui sont ensuite exposés à l'inondation. Il y a environ 600 zones d'érosion frontale dans la ville, induite par le sol fragile et sablonneux. La situation est encore aggravée par une forte érosion et le mouvement du sol de surface des routes à surface meuble, contribuant à l'envasement. Certains quartiers sont régulièrement inondés et les précipitations extrêmes ont causé des pertes de logements et de décès. En 2015, 31 personnes ont perdu la vie et environ 20 000 personnes se sont retrouvées sans abri dans le quartier de N'Djili en raison des fortes pluies.

La gouvernance urbaine est défaillante et la corruption répandue. Les bidonvilles et les établissements informels de Kinshasa ont créé de vastes zones « autonomes » informelles où le manque de gouvernance formelle est compensé par des systèmes informels d'autorégulation. Les institutions formelles de gouvernance en Afrique centrale pâtissent de problèmes similaires et de niveaux élevés d'informalité que l'on trouve ailleurs en Afrique subsaharienne, la mainmise de certains fonctionnaires corrompus ayant des effets dévastateurs sur l'économie. Certes, certains fonctionnaires corrompus ont été arrêtés, mais les condamnations ne sont pas toujours garanties. La corruption est largement répandue dans la

Carte 2.3 Expansion de Kinshasa le long du réseau routier entre 2004 et 2015

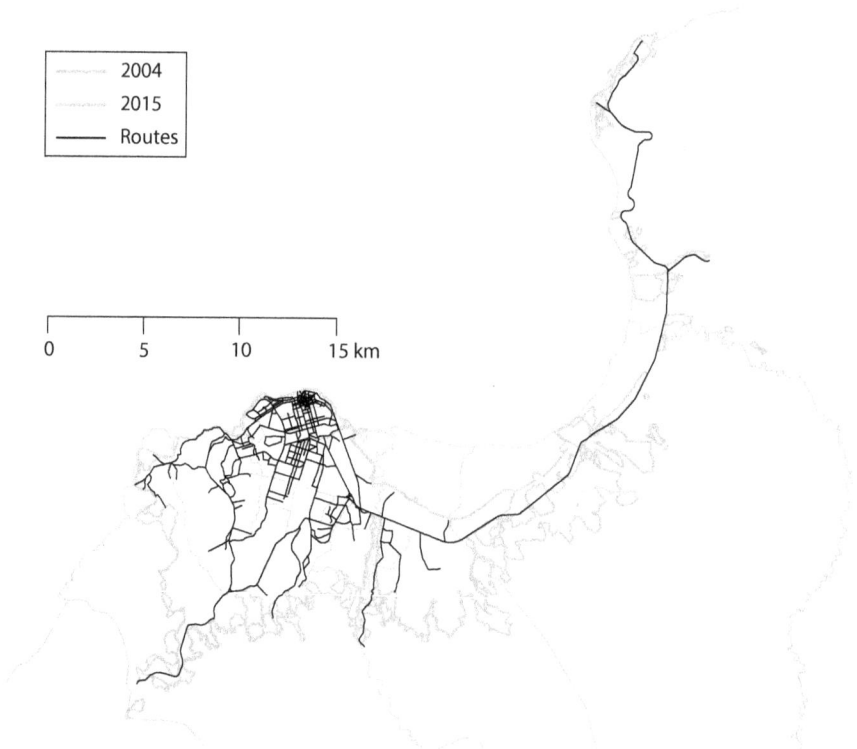

Source: BEAU (2015).

sous-région : en 2012, l'Angola, la République centrafricaine, le Tchad et la République démocratique du Congo étaient tous classés parmi les moins performants sur l'Indice Mo Ibrahim de la gouvernance africaine.

La ségrégation spatiale a également aggravé l'exclusion sociale à Kinshasa. Les opportunités pour les personnes vivant dans des habitations précaires de prendre part à la vie en sociétésont limitées et les besoins de ces communautés ne sont pas systématiquement pris en compte dans la planification et la gestion urbaines, malgré une organisation communautaire dynamique. Les opportunités de participer efficacement aux décisions locales sont particulièrement limitées dans ces quartiers spatialement déconnectés.L'absence de processus participatifs peut davantage exacerber les tensions sociales etl'instabilité. La croissance démographique explosive et incontrôlée à Kinshasa a conduit à l'augmentation de la densité dans les zones déjà surpeuplées et à l'étalement urbain, donnant naissance à l'insécurité croissante dans les quartiers mal planifiés en proie à des niveaux élevés dechômage et de consommation importante de drogues. De plus, le manque del'éclairage public et les points d'accès à l'eau exposent les filles à des agressions sexuelles. L'exclusion des personnes, souvent des jeunes, des cercles familiaux en raison des croyances, en particulier la sorcellerie, constituent également un fléau. De plus, la construction anarchiqueet la topographie des quartiers précaires en font des paradis naturelspour les criminels. Les ravins, les rues étroites et le manque de sentiers compliquent la tâche des décideurs politiques peu outillés et peu motivés à mettre en œuvre touteinitiative visant à sécuriser ces zones.

Notes

1. L'Accord de Sun City a été signé entre certaines des parties belligérantes de la deuxième guerre du Congo survenue en avril 2002, à Sun City (Afrique du Sud), à la suite du dialogue inter-congolais (DIC). L'accord a fixé un cadre pour doter le pays d'un gouvernement multipartite unifié et un calendrier pour des élections démocratiques.

2. Les estimations de la densité de la population faites par Demographia se fondent sur les données de la population urbaine de l'ONU (2014) et déterminent la zone urbaine au moyen de l'imagerie par satellite.

3. La pauvreté peut également être mesurée en fonction des conditions de vie. Les ménages sont considérés comme pauvres s'ils sont privés d'au moins huit des dix-sept éléments de confort d'un logement. Ces éléments ont trait au type de logement (toit, plancher, murs), à l'accès à l'eau potable, au type de toilettes, à la source d'énergie utilisée pour la cuisson et à la source d'éclairage.

4. Damania et al. estiment les frais de déplacement par la route à l'aide du Highway Development and Management Model (HDM-4) et des données spécifiques sur les infrastructures de la République démocratique du Congo. Ils utilisent l'éclairage nocturne pour estimer le PIB local.

5. Les estimations sont fondées sur le coût d'une route asphaltée à deux voies à 480 000 dollars par km (Carruthers et al., 2008).

6. La République démocratique du Congo devra investir en moyenne 251 millions de dollars par an. Selon Pushak et Briceño-Garmendia (2011), le pays a investi 550 millions de dollars dans les infrastructures en 2008-2009.

7. Une définition proposée par l'UN-Habitat est : « Une zone urbaine très densément peuplée, caractérisée par un habitat inférieur aux normes et misérable. » Cette définition inclut également à différents degrés, les éléments de base de la plupart des bidonvilles : accès inadéquat à l'eau potable, aux sanitaires et aux autres infrastructures connexes ; habitat de mauvaise qualité ; surpeuplement ; et insécurité dans les résidences.

Références bibliographiques

Ali, R., A. F. Barra, C. N. Berg, R. Damania, J. D. Nash, and J. Russ. 2015. "Infrastructure in Conflict Prone and Fragile Environments: Evidence from Democratic Republic of Congo." Policy Research Working Paper, World Bank, Washington, DC.

Blattman, C., and E. Miguel. 2010. "Civil War." *Journal of Economic Literature* 48 (1): 3–57.

Büscher, K. 2011. "Conflict, State Failure and Urban Transformation in the Eastern Congolese Periphery: The Case of Goma." Dissertation, Ghent University. https://biblio.ugent.be/publication/2092391/file/4335807.pdf.

CAHF (Center for Affordable Housing Finance in Africa). 2014. "Housing Finance in Africa Yearbook 2014: A Review of Africa's Housing Finance Markets." CAHF, Parkview.

———. 2015. "Housing Finance in Africa Yearbook 2015: A Review of Some of Africa's Housing Finance Markets." CAHF, Parkview.

Carruthers, R., R. Krishnamani, and S. Murray. 2008. "Improving Connectivity: Investing in Transport Infrastructure in Sub-Saharan Africa." Background Paper No. 7, Africa Infrastructure Country Diagnostic, World Bank, Washington, DC.

Crabtree-Condor, I., and L. Casey. 2012. *Lay of the Land: Improving Land Governance to Stop Land Grabs.* Johannesburg: ActionAid.

Damania, R., A. Alvaro, F. Barra, M. Burnouf, and D. Russ, D. 2016. "Transport, Economic Growth, and Deforestation in the Democratic Republic of Congo: A Spatial Analysis." Working Paper 103695, World Bank, Washington, DC.

Damania, R., and D. Wheeler. 2015. "Road Improvement and Deforestation in the Congo Basin Countries." Policy Research Working Paper 7274, World Bank, Washington, DC.

Demographia. 2014. "Demographia World Urban Areas: Built-Up Urban Areas or Urban Agglomerations." 10th edition. Demographia, Belleville, IL.

———. 2015. "Demographia World Urban Areas: Built-Up Urban Areas or Urban Agglomerations." 11th edition. Demographia, Belleville, IL.

Duranton, G., and D. Puga, D. 2004. "Micro-foundations of Urban Agglomeration Economies." In Vol. 4 of *Handbook of Regional and Urban Economics*, edited by J. V. Henderson and J. F. Thisse. Amsterdam: Elsevier.

Foster, V., and D. A. Benitez. 2010. "Democratic Republic of Congo's Infrastructure. A Continental Perspective." Africa Infrastructure Country Diagnostic Report 62386, World Bank, Washington, DC.

Gollin, Douglas, Martina Kirchberger, and David Lagakos. 2015. "Measuring Living Standards Across Space in the Developing World." Working Paper.

Groupe Huit and Arter. 2014. "Sosak-schéma d'orientation stratégique de l'agglomération kinoise." Groupe Huit and Arter, Kinshasa.

Jedwab, R., and A. Storeygard. 2016. "The Heterogeneous Effects of Transportation Infrastructure: Evidence from Sub-Sahara Africa." July 20, 2016. http://people.virginia.edu/~jh4xd/Workshop%20papers/Jedwab_Storeygard_07202016.pdf.

Kumar, A., and F. Barrett. 2008. "Stuck in Traffic: Urban Transport in Africa." Africa Infrastructure Country Diagnostic, World Bank, Washington DC.

Melo, Patricia C., Daniel J. Graham, David Levinson, and Sarah Aarabi. 2016. "Agglomeration, Accessibility and Productivity: Evidence for Large Metropolitan Areas in the US." *Urban Studies* 54 (1): 179–95.

Murison, K., ed. 2002. *Africa South of the Sahara 2003*. London: Europa Publications. NIS (National Institute of Statistics). 2012. *123 Survey on Employment, the Informal Sector, and Household Living Conditions*. Kinshasa: Democratic Republic of Congo.

Prunier, G. 2009. *From Genocide to Continental War. The Congolese Conflict and the Crisis in Contemporary Africa*. London: Hurst and Company.

Pushak, Nataliya, Cecilia M. Briceño-Garmendia. 2011. "The Republic of Congo's Infrastructure: A Continental Perspective." Africa Infrastructure Country Diagnostic, World Bank, Washington, DC.

Transurb, Stratec, AEC (African Engineering Consulting), and Citilinks. 2014. "Plan de Mobilité de Kinshasa." Kinshasa.

UN-Habitat. 2003. *The Challenge of Slums: Global Report on Human Settlement 2003*. Nairobi: UN-Habitat.

———. 2009. *Planning Sustainable Cities*. Nairobi: UN-Habitat. United Nations. 2014. *World Urbanization Prospects: The 2014 Revision*. CD-ROM Edition.

USAID (U.S. Agency for International Development). 2010. *Property Rights and Resource Governance: Democratic Republic of Congo*. Washington, DC: USAID.

Women for Women International. 2014. *The Problem of Women's Access to Land in South Kivu, Democratic Republic of Congo*. Washington, DC: Women for Women International. World Bank. 2013. *World Development Indicators 2013*. Washington, DC: World Bank.

———. 2014. *Diagnostic de l'accessibilité urbaine à Kinshasa et proposition de plan d'action*. Washington, DC: World Bank.

———. 2016a. "Democratic Republic of Congo Land Sector Review." World Bank, Washington, DC.

———. 2016b. *Opening Doors to the World. Africa's Urbanization*. Washington, DC: World Bank.

Yuma Kalulu, T., 2011. *Géopolitique de la violence des jeunes dans la ville de Kisangani*. Paris: L'Harmattan.

CHAPITRE 3

Utiliser en République démocratique du Congo le cadre de politique "3Is" du Rapport sur le Développement dans le monde 2009

La principale question concernant l'urbanisation en République démocratique du Congo se rapporte à l'impératif de tirer parti de la concentration de l'activité économique dans quelques localités tout en répondant aux besoins d'une population importante qui reste éparpillée dans le pays. Pour répondre à ce besoin d'arbitrage pour hiérarchiser les mesures publiques, qu'elles soient ciblées ou appliquées de manière éparpillée sur le territoire national, cette section utilise le cadre de politique du *Rapport sur le développement dans le monde 2009 : Repenser la géographie économique* (encadré 3.1 et figure 3.1). Les mesures publiques sont regroupées sous trois ensembles d'instruments – les « 3I » – pour aider chaque région à répondre à ses besoins spécifiques tout en tirant parti de l'agglomération économique :

- Les « **institutions** » sont le reflet de politiques neutres sur le plan spatial concernant la répartition sur le territoire de la République démocratique du Congo, ces politiques devraient donc couvrir tout le pays. Certains des principaux exemples sont les règlements qui touchent la terre, le travail et le commerce international, ou des services sociaux comme la santé, l'éducation, l'eau et l'assainissement.
- Les « **infrastructures** » font référence aux politiques et investissements qui accroissent la connectivité spatiale entre les localités. Parmi les exemples, on citera les routes, les chemins de fer, les aéroports, les ports et les systèmes de communication qui facilitent la circulation des marchandises, des personnes et des idées dans différentes villes et régions.
- Les « **interventions** » ont trait aux programmes ciblés sur des localités spécifiques, telles que les bidonvilles, ou aux incitations fiscales à l'intention des entreprises manufacturières.

Ces trois groupes de mesures publiques ont des caractéristiques différentes selon le stade d'urbanisation de la région dans laquelle elles seront appliquées. Comme l'urbanisation en République démocratique du Congo n'est pas un processus unique, chaque région a un profil urbain qui lui est propre, avec ses propres avantages et difficultés.

Encadré 3.1 L'approche des « 3I » : hiérarchiser et agencer les politiques visant à relever les défis à différents stades de l'urbanisation

L'ordre de priorité et d'application des politiques publiques sont nécessaires pour guider les décideurs et sera déterminé selon un cadre clair. Ce rapport utilise les 3I (Institutions, Infrastructures, Interventions), l'un des cadres élaborés dans le *Rapport sur le développement dans le monde 2009* pour recommander des mesures publiques adaptées aux circonstances des régions – urbanisation naissante, intermédiaire ou avancée.

Aux stades de l'urbanisation naissante, des institutions courantes qui régulent les marchés des facteurs (foncier en particulier) et fournissent des services de base sont la principale priorité. Les marchés fonciers fluides (y compris les droits de propriété et l'occupation de l'espace et les réglementations relatives au transfert de propriété) ont une forte incidence sur la facilitation des transformations urbaines et rurales et l'agglomération des activités économiques et des personnes. Lorsque le niveau d'urbanisation est faible, les activités économiques agricoles prévalent et la densité économique est faible. Parce qu'on ne connaît pas les zones que le marché choisira, une certaine flexibilité sur les marchés fonciers et l'accès universel aux services de base permettront aux entreprises et aux personnes de s'installer dans les zones les plus efficaces. Lorsque que les marchés sont naissants, les pouvoirs publics doivent intervenir pour remédier à leurs défaillances. Par exemple, des informations incomplètes ou asymétriques sur les prix fonciers pourraient empêcher les marchés fonciers de prospérer. Les efforts visant à créer une institution indépendante chargée de l'évaluation foncière contribuerait à minimiser les effets de cette défaillance du marché. Du point de vue d'une entreprise, fournir des services de base et permettre aux marchés fonciers de devenir plus fluides constituent des efforts qui l'aideront à exploiter les économies internes.

À mesure que l'urbanisation progresse vers des stades intermédiaires et que les marchés se consolident, les infrastructures de liaison extra-urbaines et intra-urbaines deviennent essentielles. Les infrastructures de transport qui relient les villes et l'arrière-pays rural peuvent intégrer les marchés de produits, accroître le commerce inter-régional et faciliter la spécialisation économique. Si les villes ne sont pas connectées, elles seront obligées d'évoluer en autarcie, au lieu de se spécialiser dans l'activité dans laquelle elles sont les plus productives. L'amélioration de la connectivité permettra aux entreprises d'accéder à des marchés de produits et d'intrants plus éloignés, ce qui leur permettrait d'exploiter les économies internes, locales, urbaines et d'échelle, à la fois dans la région et dans des lieux situés à une certaine distance. Cela ne veut pas dire que les marchés fonciers et les services de base perdent leur importance. Bien au contraire, à mesure que les entreprises et les personnes s'installent dans les centres urbains pour exploiter les économies de localisation, la flexibilité des marchés fonciers sera d'une importance accrue. Le remembrement parcellaire est un élément clé de la fourniture d'infrastructures. Les institutions qui

Suite de l'encadré à la page suivante

Encadré 3.1 L'approche des « 3I » : hiérarchiser et agencer les politiques visant à relever les défis à différents stades de l'urbanisation *(suite)*

garantissent la fluidité des marchés fonciers vont également faciliter l'expansion des infrastructures. En outre, l'échec du gouvernement à fournir des services publics pourrait conduire à une migration inefficace des zones rurales vers les zones urbaines. Cette migration peut entraîner un encombrement accru au lieu de favoriser la productivité.

À un stade avancé de l'urbanisation, la création de nouvelles entreprises n'est pas possible et l'urbanisation pourrait donner des résultats indésirables. Les externalités de l'urbanisation peuvent conduire à la sous-évaluation des actions privées, entraînant, par exemple, l'encombrement ou la pollution. Les goulets d'étranglement institutionnels et les échecs des pouvoirs publics pourraient également entraver la fluidité des marchés de facteurs, ce qui conduirait, par exemple, à une pénurie de logements.

Dans de nombreuses villes, les échecs des pouvoirs publics à des stades antérieurs de l'urbanisation, tels que la réglementation excessive des marchés fonciers, finissent par repousser de nombreux ménages dans les bidonvilles. Par conséquent, dans une ville donnée, de grands écarts dans l'accès aux services continuent à se creuser entre le tissu urbain formel et les habitations informelles. Les interventions correctives peuvent réduire ces différences et améliorer l'habitabilité. En outre, les défaillances du marché pourraient inciter les entreprises et les ménages à ignorer les coûts sociaux des sites où ils choisissent de s'installer, condamnant les villes à des flux d'émissions et à des formes urbaines peu durables.

Figure 3.1 Stades d'urbanisation des régions de la République démocratique du Congo et de leur système interne de villes

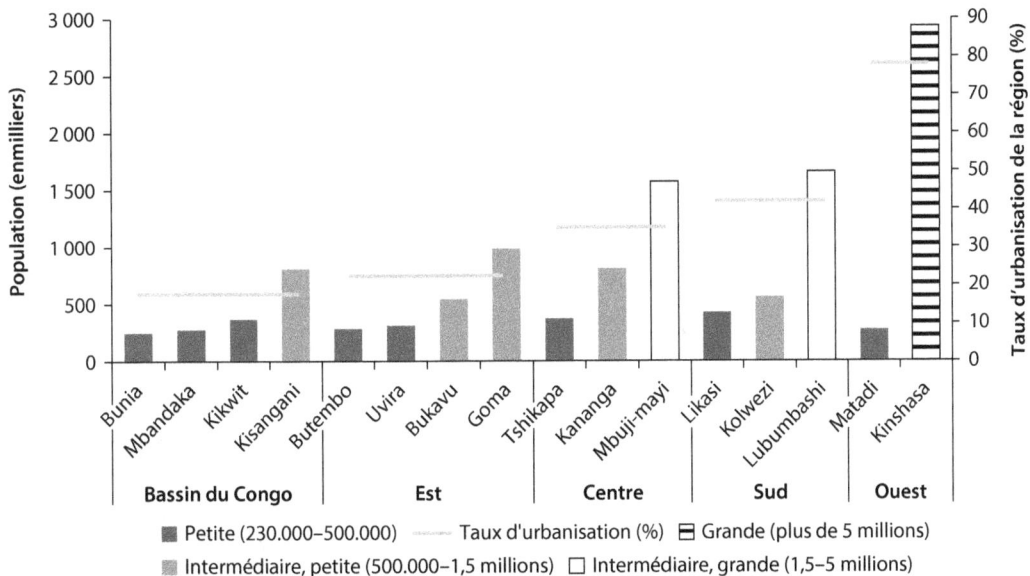

Source : De Saint Moulin (2010).

Note : La barre représentant la population de Kinshasa, 9,5 millions d'habitants, est tronquée. Cette figure présente les villes de plus de 230 000 habitants pour simplifier les choses, mais il n'empêche que les villes plus petites font également partie du système urbain de la République démocratique du Congo.

Revue de l'urbanisation en République démocratique du Congo
http://dx.doi.org/10.1596/978-1-4648-1205-7

Chaque région devrait être encouragée à se développer à son propre rythme pour exploiter son potentiel, qui est lié au stade d'urbanisation.

Le but de cette catégorisation est de guider les décideurs dans le choix des outils (institutions, infrastructures et interventions) par rapport au niveau d'urbanisation des régions. Les mesures prises par les pouvoirs publics sont considérées comme des éléments importants du développement.

Au regard de l'urbanisation naissante des régions du Bassin du Congo et de l'Est, le principal défi consiste à assurer le développement institutionnel de base axé sur les droits de propriété et les services les plus élémentaires.

Figure 3.2 Adaptation des mesures publiques aux localités

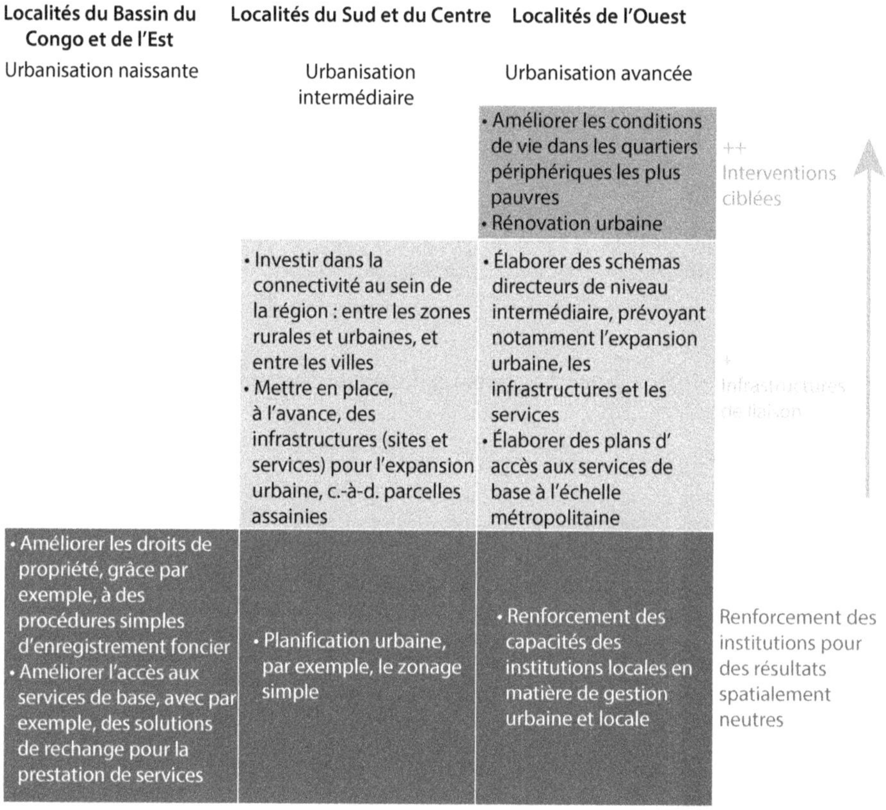

Localités du Bassin du Congo et de l'Est	Localités du Sud et du Centre	Localités de l'Ouest	
Urbanisation naissante	Urbanisation intermédiaire	Urbanisation avancée	
		• Améliorer les conditions de vie dans les quartiers périphériques les plus pauvres • Rénovation urbaine	++ Interventions ciblées
	• Investir dans la connectivité au sein de la région : entre les zones rurales et urbaines, et entre les villes • Mettre en place, à l'avance, des infrastructures (sites et services) pour l'expansion urbaine, c.-à-d. parcelles assainies	• Élaborer des schémas directeurs de niveau intermédiaire, prévoyant notamment l'expansion urbaine, les infrastructures et les services • Élaborer des plans d'accès aux services de base à l'échelle métropolitaine	+ Infrastructures de liaison
• Améliorer les droits de propriété, grâce par exemple, à des procédures simples d'enregistrement foncier • Améliorer l'accès aux services de base, avec par exemple, des solutions de rechange pour la prestation de services	• Planification urbaine, par exemple, le zonage simple	• Renforcement des capacités des institutions locales en matière de gestion urbaine et locale	Renforcement des institutions pour des résultats spatialement neutres

Pour les régions intermédiaires du Sud et du Centre de la République démocratique du Congo, il y a lieu d'augmenter les infrastructures pour améliorer la fonctionnalité de leurs villes, complétées par des plans directeurs plus simples. L'urbanisation avancée a plus d'exigences – car elle crée plus de possibilités – et donc en plus des différentes politiques précédentes, la région de l'Ouest nécessite des interventions ciblées visant à améliorer les pourtours en pleine expansion et à renouveler les poches d'opportunité dans le centre de Kinshasa (figure 3.2).

Une gestion efficace des terres et de l'espace est essentielle. À tout stade de la croissance urbaine, les villes ont besoin de planifier la gestion des terres. Pour permettre la fourniture de logements et de services de base abordables et attirer l'investissement privé, les décideurs ont besoin de renforcer la planification de l'utilisation des terres et de la mettre en phase avec les infrastructures, les transports et les activités d'atténuation des risques de catastrophe naturelle. La stratégie des pouvoirs publics devrait avoir pour axe principal des politiques neutres sur le plan spatial afin de promouvoir l'intégration entre les zones rurales et urbaines, le but étant d'améliorer les marchés fonciers et les droits de propriété, ainsi que les services de base en zones rurales et urbaines, et d'encourager une gouvernance inclusive dans les villes de petite et très petite taille (encadré 3.2).

Institutions pour les localités à urbanisation naissante

L'obtention de droits fondamentaux est le socle des politiques d'urbanisation (en bleu dans la figure 3.2 ; encadré 3.3). Un ensemble de politiques est nécessaire pour l'ensemble du pays (c'est-à-dire des politiques « neutres » par rapport aux considérations spatiales), même si les politiques requièrent des technologies différentes. L'accent devrait être mis sur le renforcement des institutions dans les régions à urbanisation naissante. Il s'agirait de corriger les distorsions des marchés fonciers et de fournir des services essentiels tels que l'éducation de base, les soins de santé, l'eau et l'assainissement.

Ces mesures publiques devraient avoir un caractère universel – viser tous les Congolais – et conçues de manière à réduire les incitations négatives à migrer vers les zones urbaines. Dans les zones peu peuplées, il y a lieu de privilégier les

---

Encadré 3.2 Amélioration de la gestion de l'espace et des terres pour accroître les revenus municipaux à tous les stades d'urbanisation

En 2004, la ville de Hargeisa au Somaliland a commencé à créer une base de données sur les terres et les propriétés, et une méthode de classification et de production des factures d'impôt foncier. Les données étaient stockées dans une base de données du Système d'information géographique (SIG) pour pouvoir être extraites rapidement et pour dresser des cartographies, permettant au gouvernement local de démarrer très rapidement le recouvrement des impôts.

L'enquête sur la propriété, préparée pendant plus d'un an, a été menée rapidement et d'une manière efficace par rapport aux coûts. Le coût de la préparation (hors équipements comme les assistants numériques personnels, les ordinateurs de bureau et les logiciels, mais y compris l'imagerie par satellite) était de 48 500 dollars (0,82 dollar par propriété). Le nouveau système a permis au gouvernement local d'accroître les recettes fiscales, qui sont

Suite de l'encadré à la page suivante

Encadré 3.2 Amélioration de la gestion de l'espace et des terres pour accroître les revenus municipaux à tous les stades d'urbanisation *(suite)*

passées de 60 000 dollars en 2008 à 282 725 dollars en 2011. Depuis 2006, lorsque le système SIG est devenu opérationnel, la part des propriétés imposables a été portée de 5 à 45%, et le nombre de propriétés enregistrées est passé de 15 850 à 59 000 dans cinq districts. Les recettes perçues ont été affectées à la construction de plus de 40 nouvelles routes, 8 nouveaux marchés, 2 postes de police, et un terrain pour un centre de maternité et de santé (ONU-Habitat 2014).

En 2014, le Conseil municipal d'Arusha est devenu le premier des sept villes tanzaniennes à passer d'un système manuel de gestion des revenus propres à un système informatique de recouvrement de recettes de l'administration locale, intégré à une plateforme SIG. Le nouveau système permet au gouvernement local d'utiliser les données satellitaires pour identifier les contribuables, et comprend un système de facturation électronique qui assure la notification et le suivi des paiements. La ville a identifié 102 904 bâtiments grâce à cette nouvelle méthode, comparés aux 23 000 qui étaient enregistrés dans les bases de données précédentes ; dans les 15 mois premiers mois de transition vers le nouveau système, le nombre de contribuables admissibles a triplé, passant de 31 160 à 104 629. En l'espace d'un an, le conseil municipal a augmenté les recettes annuelles de 75%, lesquelles sont passées de 2,6 milliards de shillings (1,2 million de dollars) en 2012/2013 à 4,6 milliards de shillings en 2013/2014. Grâce à ce nouvel apport financier, la ville a été en mesure de financer 90% des programmes annuels de développement, y compris des routes, des drainages, des laboratoires de sciences dans des écoles, des salles de classe, des centres de santé, et l'équipement de services publics (Banque mondiale 2015).

technologies décentralisées plutôt que les solutions ayant recours au réseau qui sont plus appropriées pour les régions à urbanisation avancée. L'objectif de la couverture universelle devrait être le même, quelle que soit l'option de mise en œuvre retenue. Par exemple, l'accès à l'eau potable peut être assuré dans les régions à urbanisation naissante en promouvant l'utilisation de comprimés de chloration tandis que dans les villes, des bornes fontaines publiques peuvent être une solution économique.

La sécurité de l'occupation des terres aurait pour effet de promouvoir l'accroissement des investissements dans le foncier et le logement, d'améliorer la capacité à transférer la propriété foncière, et d'accroître l'accès au crédit. Les agriculteurs utilisent plus de main-d'œuvre et d'intrants sur des parcelles leur appartenant que sur celles louées. Ils utilisent également la terre comme garantie pour les nouvelles activités et bénéficient de la hausse des prix des parcelles. En République démocratique du Congo, plus de la moitié des terrains périurbains fait l'objet d'une occupation informelle.

Encadré 3.3 Des mesures simples pour améliorer l'administration foncière (régions à urbanisation naissante)

Améliorer les registres fonciers

- La réforme globale du régime foncier du Rwanda porte ses premiers fruits. De 2005 à 2012, le Rwanda a mis en œuvre son programme national pour l'émission de titres fonciers grâce à la technologie de la cartographie photo, au coût de moins de 10 dollars par parcelle.
- Madagascar, la Namibie et la Tanzanie sont en train prendre des initiatives similaires (Byamugisha 2013).
- La Tanzanie a procédé à l'arpentage toutes ses terres communales et à l'enregistrement de 60% desdites terres au coût de 500 dollars par village. Le Ghana et le Mozambique ont commencé à suivre l'exemple de la Tanzanie (Byamugisha 2013).
- Entre 2003 et 2005, l'Éthiopie a émis des titres fonciers pour 20 millions de parcelles de terrain, à moins de 1 dollar par parcelle, et les a répertoriées sur un plan cadastral à moins de 5 dollars par parcelle (CAHF 2013).

Simplifier les procédures d'enregistrement

- En 2009, le Kenya a adopté une nouvelle politique foncière visant à simplifier les processus d'administration des terres en abaissant les droits de timbre, qui sont passés de 25 à 5% ; en accordant des exonérations sur la TVA pour des projets de construction de plus de 20 unités de logement à faible coût ; et en ramenant la taxe sur les prêts hypothécaires de 0,2 à 0,1% (Johnson et Matela 2011).
- Au Lesotho, la création de la *Land Administration Authority* (service d'administration foncière) a sensiblement amélioré le processus d'enregistrement foncier en réduisant les délais d'attente et de traitement des demandes. L'établissement de cet organisme a également obtenu le large soutien des collectivités propriétaires de terres (Byamugisha 2013).
- Grâce à l'informatisation des systèmes d'archives et d'enregistrement fonciers, le nombre de jours requis pour un transfert de propriété a été considérablement réduit au Ghana et en Ouganda, passant respectivement de 169 à 34 jours et de 227 à 48 jours (Byamugisha 2013).

Renforcer la sécurité foncière

- En 2012, la Namibie a voté la *Flexible Land Tenure Act* (loi d'assouplissement du régime foncier), qui permet aux collectivités d'obtenir des lotissements et un « titre initial » (*starter title*) qui confère des droits perpétuels d'occupation et de transfert. Cette loi vise 30% des résidents namibiens qui vivent dans des établissements informels (CAHF 2013). Les résidents peuvent également demander des titres fonciers « hypothécables » en bonne et due forme. Dès la réception du titre, il revient aux collectivités de mettre à niveau les infrastructures du site. La loi a été considérée comme innovante

Suite de l'encadré à la page suivante

Encadré 3.3 Des mesures simples pour améliorer l'administration foncière (régions à urbanisation naissante) *(suite)*

en ce qu'elle reconnaît la méthode d'occupation et de construction progressives (Byamugisha 2013).

- En 2011, le Sénégal a adopté une nouvelle loi portant régime de la propriété foncière en vertu de laquelle les détenteurs de permis d'occupation provisoires dans les zones urbaines peuvent les convertir en titres fonciers sans frais. Une meilleure sécurité foncière aide davantage à accroître l'investissement dans le logement et améliorer ce dernier, à accéder aux financements pour le logement et à activer le marché foncier formel.
- Le Kenya, le Lesotho et la Tanzanie utilisent des méthodes de sondage de masse et de planification de l'utilisation de l'espace pour régulariser les statuts d'occupation dans les bidonvilles (Byamugisha 2013).

Les politiques visant à formaliser le régime foncier devraient commencer par s'occuper des systèmes coutumiers, et intégrer progressivement des caractéristiques des procédures modernes d'enregistrement foncier. La cession des droits d'occupation des terres devrait être normalisée, et un système d'enregistrement des terres devrait être mis en place. L'objectif devrait être de renforcer la sécurité foncière et les marchés fonciers, de formuler des politiques d'administration et de gestion foncière, ainsi que de mettre en place des mécanismes de règlement des différends et d'établir un système cadastral national. Le renforcement de la sécurité du régime foncier faciliterait les transactions, accroîtrait la valeur des terres et augmenterait les investissements fonciers. Cela accroîtrait par ailleurs, la mobilité dans les zones urbaines où les personnes voient des possibilités de productivité et n'ont pas vraiment besoin de se soucier de menaces pesant éventuellement sur leurs actifs qu'ils ont laissés derrière eux.

Institutions et infrastructures pour les localités à urbanisation intermédiaire

Améliorer le fonctionnement du système des villes grâce à une meilleure connectivité (en vert dans la figure 3.2 ; encadrés 3.4 et 3.5). Dans les régions du Centre et du Sud, les politiques publiques devraient être orientées de façon à améliorer le fonctionnement de Mbuji-Mayi et Lubumbashi. Ces villes deviennent progressivement des « pôles économiques » pour leurs régions et l'afflux de migrants se poursuivra, et la congestion ne fera que gagner de l'ampleur. Les priorités pour ces villes devraient donc être de fournir des services de base aux résidents urbains et ruraux, d'assurer la fluidité des marchés fonciers et d'investir dans les infrastructures au sein et autour des centres urbains en plein essor.

Encadré 3.4 Construction progressive de logements pour gérer l'urbanisation des régions à urbanisation intermédiaire

Les investissements dans les infrastructures sont pérennes. Ils déterminent la forme de la ville pour les années à venir et définissent les attentes pour les investissements futurs. Des données factuelles récentes venant de la Tanzanie montrent que les investissements précoces dans les infrastructures peuvent être utilisés pour contrôler l'urbanisation. Ces programmes ont des effets durables sur la forme des villes et les marchés fonciers.

Vers la fin des années 1970 et le début des années 1980, des interventions sous forme de sites et services, et des projets de modernisation des bidonvilles ont été menés dans sept villes tanzaniennes. Les deux interventions visaient à apporter une solution au problème de logement des ménages à faible revenu. Bien que les investissements dans les parcelles assainies aient été réalisés avant l'arrivée des squatters, des infrastructures destinées à moderniser les bidonvilles ont été mises en place après l'installation (spontanée) des ménages.

Après environ 40 ans, le développement organisé perdure. Les plans pour les sites et services établis dans les années 1970, correspondent étroitement à la forme du réseau routier d'aujourd'hui, montrant ainsi que l'investissement dans les infrastructures est durable, façonne les paysages urbains et contribue à l'augmentation de la valeur des terrains qui sont imposables, et peuvent financer des investissements futurs. Les parcelles à Sinza sont également plus grandes que celles à Manzese.

Les infrastructures mises en place précocement et leurs effets à long terme ont également façonné les marchés fonciers, ce qui a entraîné une augmentation de la valeur des terrains dans les zones d'intervention. Sur les sites où des projets d'aménagement précoce sont réalisés, la valeur des terrains est plus élevée que dans d'autres parties de Dar es-Salaam, y compris les quartiers riches (figure 2 de l'encadré). Cela est en partie dû au fait que les sites et les zones de services présentent un meilleur ratio superficie au sol constructible/superficie des parcelles.

Figure de l'encadré 3.4.1 La valeur des terrains dans les quartiers à Dar es-Salaam

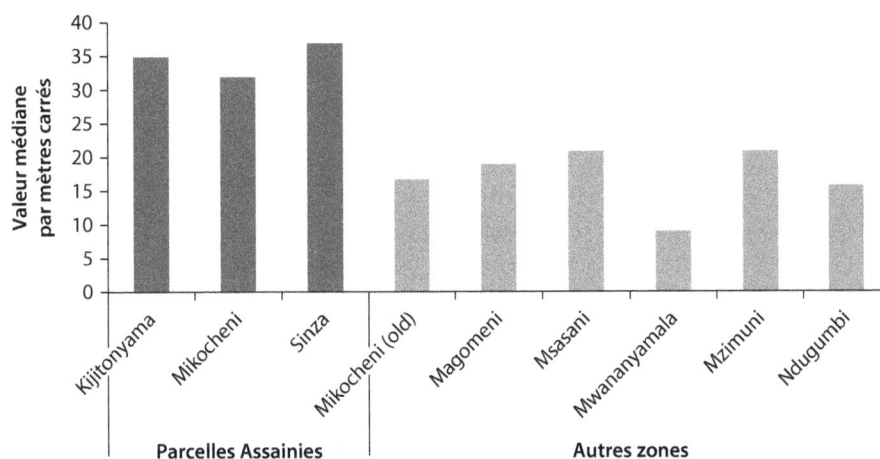

Sources : Adapté de Regan et al. (2016) et Banque mondiale (2016).
Note: T Sh = Tanzania shillings (shillings tanzaniens).

Encadré 3.5 Plans de développement local visant à ouvrir la voie à des schémas directeurs d'urbanisme dans les régions à urbanisation intermédiaire

Les schémas directeurs jouent un rôle clé dans l'expansion urbaine. Le tracé des principaux axes routiers et la structure spatiale d'une ville y sont souvent définis, ainsi que les affectations des terres et le modèle d'expansion de la ville. Les plans de développement local pourraient constituer de simples premiers pas vers l'élaboration de schémas directeurs d'urbanisme. Ils décrivent à la fois une perspective et une vision du développement futur d'une ville, et plus particulièrement :

- ils présentent le stade actuel de développement de la ville – où en est la ville en ce moment ?
- ils définissent les orientations du changement – vers quoi voulons-nous que la ville tende ?
- et ils identifient les enjeux cruciaux – que devons-nous régler en priorité ?

Ces plans indiquent également des trajectoires, des stratégies et des interventions de rechange pour apporter le changement – quelles sont les interventions à mener pour réaliser la vision ? Ils apportent un cadre au sein duquel les projets peuvent être identifiés et mis en œuvre. Ils établissent un cadre logique et cohérent pour l'évaluation des décisions d'investissement. L'élaboration de ces plans est aussi une bonne occasion de promouvoir la participation de la communauté à la prise de décision.

L'élargissement de l'accès aux marchés depuis leur zone d'influence, l'amélioration de la gestion des villes et le renforcement du capital humain sont des éléments fondamentaux pour ces villes intermédiaires de la République démocratique du Congo.

L'ensemble de politiques publiques relatives aux infrastructures devrait venir s'ajouter aux institutions de base au lieu de les remplacer. Là encore, dans les zones urbaines en expansion rapide, les régimes des droits de propriété doivent être clairs pour inciter les transactions foncières – et des évaluations exactes des terres afin d'éviter des migrations massives vers les villes.

Les investissements dans les infrastructures durent sur le long terme. La République démocratique du Congo devrait prendre en compte l'expérience de Kinshasa, où la croissance rapide de la population n'a pas été associée à des investissements prévus dans les infrastructures. Par conséquent, 75% de la population vit dans des bidonvilles. Les investissements dans les infrastructures de liaison dans les zones urbaines des villes principales et intermédiaires détermineront la forme que revêtiront les centres urbains pour les décennies à venir. La mise en place rapide et à l'avance d'infrastructures est une option viable pour l'expansion des villes dans les années à venir (encadré 3.6). Si Kinshasa poursuit son expansion à un rythme similaire, sa taille augmentera de 50% en une décennie et demie[1].

Encadré 3.6 Premiers enseignements tirés du Projet de développement urbain en République démocratique du Congo (Projet financé par la Banque Mondiale, 100 millions $US)

Une meilleure organisation et la clarification des mandats institutionnels sont des conditions préalables pour maximiser la contribution du secteur urbain à la croissance économique. Le régime actuel de planification, fondé sur la législation urbaine de 1957 et un marché foncier dysfonctionnel ne sont pas appropriés pour promouvoir les économies d'agglomération. On retiendra du Projet de développement urbain (PDU) qu'il faudrait un meilleur alignement des incitations avec les mandats des institutions. Le PDU aide le gouvernement à réviser la législation du secteur urbain national. En commençant à démêler certains des chevauchements institutionnels horizontaux et verticaux, le PDU entend instituer progressivement les principes de base d'un régime de planification plus fonctionnel reposant sur des outils de planification urbaine simplifié et adapté à un environnement qui se caractérise par l'insuffisance de capacités et dans le cadre de mandats institutionnels plus clairs.

Quantifier le déficit de financement des investissements urbains et commencer à y faire face grâce à la production et aux transferts de revenus. Les budgets des villes couvertes par le PDU sont d'environ 1 dollar par habitant, comparés à des besoins de financement estimés à environ 12 dollars par habitant (Hederschee et al. 2012). Cependant, une analyse affinée et actualisée des besoins d'investissement est nécessaire, en particulier dans le contexte de la nouvelle organisation administrative marquée par la création de nouvelles provinces et capitales provinciales, et les facteurs favorisant l'exode rural qui en résultent.

L'approche des investissements fondés sur la performance instituée par le PDU montre des résultats prometteurs sur le plan de la génération de revenus et des capacités administratives, mais on retiendra qu'il faut du temps pour avoir un réel impact. Il est recommandé de rendre opérationnel le fonds de péréquation prévu dans la Constitution afin de permettre aux administrations locales de disposer d'un montant minimal à investir. Cela pourrait se faire progressivement, en ciblant d'abord les villes qui ont les capacités élémentaires pour employer les fonds transférés efficacement. Comme il y a des chances que ce soit les grandes villes, la démarche devrait aussi viser à promouvoir la densification de l'activité économique. Toutefois, la clé de répartition devra trouver un juste équilibre entre les incitations au rendement et l'objectif de promouvoir des résultats neutres sur le plan spatial.

Il sera nécessaire de renforcer les capacités des parties prenantes, notamment au niveau local, à gérer en particulier le développement urbain et l'envergure spatiale des villes, et investir dans les infrastructures qui améliorent et préservent le bien-être.

Le PDU a montré que les petites villes n'ont pratiquement aucune capacité à gérer l'espace urbain et dépendent presque entièrement des investissements dans les infrastructures réalisées par les provinces et l'administration centrale, qui ne tiennent pas nécessairement compte des besoins sur le terrain. En outre, le PDU aide les villes qu'il couvre à mettre en place des systèmes élémentaires de gestion du patrimoine d'infrastructures, mais il est nécessaire de mettre beaucoup plus l'accent sur l'efficacité des dépenses dans toutes les zones urbaines (en particulier dans l'entretien des infrastructures), ainsi que sur la gestion et l'aménagement du territoire en vue de l'expansion urbaine – afin d'éviter de s'embourber dans des déséconomies d'échelle urbaines.

La mise en place rapide et à l'avance des infrastructures est un dispositif de coordination permettant d'avoir une expansion organisée et planifiée qui perdure. C'est aussi une option moins onéreuse sur le long terme : il est en effet plus coûteux et plus difficile de mettre en place des infrastructures après que des squatters se soient installés. Plus précisément, les parcelles assainies permettent d'économiser l'espace nécessaire pour accroître les investissements à réaliser ultérieurement dans les infrastructures de réseau, tels que l'eau et l'assainissement, et de garantir de l'espace pour les routes accessibles (encadré 3.4). En outre, la mise à niveau des quartiers existants perturbe les foyers privés et suppose un processus politique plus difficile (Banque mondiale 2016).

Consolider les institutions, accroître les investissements dans les infrastructures et renforcer les interventions ciblées pour les zones à urbanisation avancée

En plus d'institutions nationales solides et des infrastructures visant à améliorer le fonctionnement des villes, la région de l'Ouest de la République démocratique du Congo, rendue à un stade d'urbanisation avancé, requiert des interventions ciblées pour faire face aux problèmes croissants de l'informalité dans les périphéries et du déclin urbain dans les zones centrales de Kinshasa (en orange dans la figure 3.2).

Pour ce qui est des institutions, l'élément central est la gestion de l'équilibre entre la planification urbaine et les droits de propriété. À mesure que les villes grandissent, elles doivent fournir des équipements sociaux et des routes, etc. – des éléments qui constituent souvent un moteur du plan d'urbanisme étant donné qu'ils nécessitent des ressources pour les investissements. Toutefois, on néglige généralement l'aspect conceptuel de la planification urbaine. La planification de l'expansion urbaine dans des schémas directeurs qui affectent des terrains à des routes futures, à des équipements sociaux, et des réseaux d'adduction d'eau, d'assainissement et d'électricité rendra les villes beaucoup plus vivables tout en aidant à arrimer les investissements aux possibilités de financement qui se présentent. Le manque de planification, même sans investissement dans les infrastructures, est le moteur de l'instauration de droits de propriété informels et de la formation des bidonvilles. La planification urbaine comporte de nombreuses exigences et strates. En République démocratique du Congo, il est recommandé d'adopter une structure « plus simple » de planification urbaine qui cadre avec les besoins en matière de gestion du territoire et avec les faibles capacités d'investissement.

Pour ce qui est des infrastructures, l'équilibre se situe entre l'amélioration des équipements sociaux et des services, et l'expansion du réseau de transport avec des capacités d'investissement limitées. Traditionnellement, la solution dans les grandes villes provient des forces de l'économie politique. Les zones centrales sont celles où la population plus aisée se concentre alors que les zones pauvres les plus denses se situent en périphérie. L'une ou l'autre catégorie attirerait des investissements plus importants en fonction du cycle politique qui prévaut. Une autre solution pour rompre le cycle vicieux du sous-investissement dans des composantes essentielles de l'urbanisation consiste à promouvoir un programme de développement des infrastructures axé sur l'amélioration de la fonctionnalité de Kinshasa et de Matadi. Il s'agirait essentiellement d'améliorer les routes et l'accès aux services dans des zones qui concentrent les emplois tout en mettant à niveau les services de transport le long des principaux axes afin d'élargir le bassin du marché du travail. Kinshasa fonctionne déjà avec cette logique, qui demande à être renforcée et formalisée.

Mais il faudrait plus que des institutions et des infrastructures pour la région de l'Ouest afin qu'elle bénéficie du rythme de croissance urbaine à venir. Kinshasa a besoin d'interventions ciblées pour remodeler les tendances qui peuvent entraver les possibilités de tirer parti de l'urbanisation. Plus précisément, Kinshasa doit se pencher sur les problèmes de la formation de bidonvilles et du délabrement dans les zones centrales qui sont pourtant convenablement desservies. Les zones centrales très bien situées et viabilisées avec des infrastructures postindustrielles cachent en elles d'énormes possibilités de devenir des centres de création d'emplois et de logements. Les classes sociales à revenu moyen choisissent déjà des communautés fermées, bien que les villes puissent leur fournir des solutions alternatives moins ségrégationnistes en ayant recours à ces zones centrales. À titre d'exemple, des interventions ciblées visant la rénovation de zones manufacturières héritées de l'époque coloniale peuvent aider à stimuler la création d'emplois et à améliorer l'habitabilité. Néanmoins, les possibilités de rénovation urbaine et de modernisation des bidonvilles ne peuvent être financées que si les villes accordent une plus grande attention aux aspects financiers.

Note

1. Les taux de croissance démographiques de De Saint Moulin (2010) et les données sur l'expansion du BEAU indiquent un agrandissement de la ville d'environ 0,02 km^2 pour 1 000 nouveaux habitants. Si la population augmente de 10 millions d'habitants entre 2015 et 2030, la ville augmentera d'environ 200 km^2, soit près de la moitié de la superficie actuelle qui est de 472 km^2.

Références bibliographiques

Byamugisha, Frank F. K. 2013. *Securing Africa's Land for Shared Prosperity: A Program to Scale Up Reforms and Investments*. Africa Development Forum Series. Washington, DC: Agence Française de Développement and the World Bank.

CAHF (Center for Affordable Housing Finance in Africa). 2013. "Housing Finance in Africa Yearbook 2013: A Review of Africa's Housing Finance Markets." CAHF, Parkview.

De Saint Moulin, L. (2010). "Villes et organisation de l'espace au Congo (RDC)." Cahiers Africains / Afrika Studies. No. 77. Paris: L'Harmattan.

Floater, G., and P. Rode. 2014. "Steering Urban Growth: Governance, Policy and Finance." T NCE Cities Paper No. 2, New Climate Economy, London.

Herderschee, J., K.-A. Kaiser, and D. Mukoko Samba. 2012. *Resilience of an African Giant*. Washington, DC: World Bank.

Johnson, Sean, and Motlotlo Matela. 2011. "Reforming Land Administration in Lesotho: Rebuilding the Institution."

Regan, T., D. Nigmatulina, N. Baruah, F. Rausch, and G. Michaels. 2015. "Sites and Services and Slum Upgrading in Tanzania." Draft Paper presented at the Spatial Development of African Cities Workshop, Washington DC, December 16–17.

UN-Habitat. 2014. *State of African Cities Re-Imagining Sustainable Urban Transition*. Nairobi: UN-Habitat.

World Bank. 2009. *World Development Report 2009: Reshaping Economic Geography*. Washington DC: World Bank.

———. 2015. *The Tanzanian Strategic Cities Project: Improving Local Governments' Own Source Revenues—The Arusha Experience*. Washington, DC: World Bank.

———. 2016. *Opening Doors to the World: Africa's Urbanization*. Washington, DC: World Bank.

www.ingramcontent.com/pod-product-compliance
Lightning Source LLC
Chambersburg PA
CBHW080427270326
41929CB00018B/3192